Griselda Gambaro   Teatro

GRISELDA GAMBARO

Viaje de invierno
Sólo un aspecto
La gracia
El miedo
Decir sí
Antígona furiosa
y otras piezas breves

TEATRO 3

Ediciones de la Flor

Cuarta edición: enero de 2001

Impreso en la Argentina
Printed in Argentina
Hecho el depósito que establece la ley 11.723

ISBN 950-515-408-9

Indice

Viaje de invierno

A Malena Lasala

Viaje de invierno

1965

Fue estrenada en 1966 con el título de Matrimonio, en el Teatro 35 de Buenos Aires. Dirección Oscar Barney Finn. Reestrenada en 1985 en el Centro Cultural Gral. San Martín de Buenos Aires con el siguiente reparto:

Personajes

Sebastián (septuagenario)	:	Jesús Berenguer
Amalia (septuagenaria)	:	Marta Frydman
El novio	:	Manuel Bello
Escenografía y vestuario	:	Jorge Gumier Maier
Puesta en escena y dirección:		Malena Lasala

Escena 1

Una pieza amueblada con una antigua cama de matrimonio, una mesa y dos sillas. Sobre una mesita baja, un aparato grabador. Una pequeña alfombra, vieja y sucia, junto a la cama. Dos puertas, una que da al exterior, y otra que conduce a la cocina.

Sebastián, con una pañoleta de lana sobre los hombros, está recostado contra una pila de almohadas. Tiene aspecto viejísimo, ralos y largos cabellos blancos. La cama está cubierta enteramente por diarios y recortes de diarios, parte de los cuales han caído al suelo, formando una montaña. Sebastián empuña unas grandes tijeras y recorta los diarios, completamente absorto.

Un silencio.

De pronto queda inmóvil y suspira fuertemente. Piensa y menea la cabeza. Otro suspiro, muy fuerte. Sigue tijereteando. El papel cruje y se arruga antes de que consiga calzar la tijera para cortarlo. Al cabo de otro silencio, carraspea, pero con una potencia de la que no se lo creería capaz.

9

Entra Amalia desde la cocina. El cuerpo se le conserva joven, aparenta unos treinta, treinta y cinco años. Está muy maquillada. No mira al viejo, quien, a su vez, le dirige una mirada fugaz y aparta el rostro con repugnancia. Amalia se encamina directamente hacia el aparato, que emitirá voz de mujer joven, no la misma voz necesariamente, y lo conecta. Permanece de espaldas a Sebastián, la vista clavada en el suelo. Siempre que pueda, se colocará de espaldas a él y evitará mirarlo. Sebastián la chista repetidas veces, pero sin resultado. La observa con odio.

Voz del grabador *(rápida y enfurecida):* Buenos días. ¡Miércoles!, para mí. ¿Para qué saludo a la bosta ésta?

Sebastián *(se endereza, indignado):* ¿Yo...? ¿Yo bosta?

Voz del grabador *(Amalia lo detiene, es evidente que se ha equivocado al sintonizarlo. Manipulea los botones, se oyen ruidos heterogéneos e incomprensibles. Finalmente, sintoniza una voz ecuánime):* Buenos días, Sebastián, esposo mío. ¿Te sirvo el desayuno? Es tarde. *(Sebastián ha dejado de tijeretear, escucha lanzando bufidos, con la vista llena de odio clavada en el aparato. Amalia lo apaga y espera, martillando con el pie en el suelo. Un silencio. Vuelve a conectarlo. Misma voz ecuánime)* Contestame, por favor. La leche está en el fuego. *(Con leve exasperación)* Hace rato que está en el fuego. La sirvienta se descuida. No se puede confiar. *(Francamente exasperada)* ¡La deja hervir, la deja hervir! *(Amalia apaga el aparato. Se muerde de impaciencia mientras aguarda la respuesta de Sebastián, a quien dirige furtivas miradas por encima del hombro. Sebastián, con una sonrisa de venganza, tijeretea nuevamente. Amalia conecta el aparato, voz cariñosa, distinguida)* ¿Qué pretendés, querido mío? ¿Ayunar? Mi corazón tiembla. ¿Te traigo el café con leche? Mi doncella me aguarda. Aún no concluyó de peinarme. ¿Me oís, hermoso? *(Con leve impaciencia)* Contestame. *(Con un estallido* *histérico)* ¡Contestame! *(Un alarido de nervios, luego el aparato funciona en silencio)*

Sebastián *(se sobresalta. Con una voz joven, varonil, que no pertenece de ningún modo a su cuerpo):* ¡Callate! Estaba distraído. ¡Qué alharaca! Traé el café con leche. Lo tomo todos los días, a la misma hora, la misma leche aguada. La taza tiene un reborde así, petrificado. ¿Por qué no la lavás en lugar de charlar tanto? ¿Querés hacerte la fina con las sirvientas? ¡No sabés dónde caerte muerta! ¡Sirvientas! *(Ríe).*

(Amalia, que ha estado conteniendo su indignación, se inclina y mueve los botones, como si buscara la réplica adecuada)

Voz del grabador *(calurosa y distinguida):* ¡No me agradezcas! ¡No, no, por favor! ¡Soy tu esclava! ¡A tus órdenes! ¡Voy a la cocina! ¡Voy! *(Amalia se mueve como si algo la empujara hacia la cocina. Misma voz, alegre y voluntariosa)* ¡Voy! ¡Voy!

(Amalia, contra su voluntad, corre hacia la cocina)

Sebastián *(contento):* ¡La jorobó! ¡Idiota!

Voz del grabador *(distinguida, aunque autoritaria):* ¿Por qué no te levantás, Sebastián? Ya es hora. Desocupá la cama. ¡Levantate!

Sebastián *(que ha escuchado con desagradable sorpresa):* ¡Ya empieza, ya empieza! ¿Qué le importa si me quedo en la cama? ¿No soy dueño de quedarme en la cama?

Voz del grabador: Remoloneaste mucho. Son las seis de la tarde, vamos, ¡arriba! *(continúa repitiendo pausadamente "vamos, vamos, arriba, infeliz, vamos, arriba...")*

Sebastián: ¿Quién dijo que son las seis de la tarde? ¿Soy un viejo chocho para quedarme en la cama hasta las seis de la tarde? *(Grita, hacia el grabador)* ¡Basta! ¡Me levanto! *(Rezonga, compadeciéndose)* ¡Qué vida! Molesto en la cama, molesto levantado, doy asco cuando como, hago ruido con los dientes postizos, dejo olor en el baño... Estorbo, estorbo ¿por qué no me moriré? *(Aparta las frazadas y se incorpora. Está completamente vestido, con traje arru-*

gadísimo y zapatos. *Se sienta en la cama, se saca los zapatos y se pone unas zapatillas)*

Voz del grabador: Sacudí las sábanas, Sebastián. En tu lugar se amontona la tierra, los chinchulines de mugre. Perfumás el colchón.

Sebastián *(mira hacia el grabador, rezonga):* ¡Mucho aparato, mucho aparato, ¡pero el café con leche no viene! *(Se sobresalta y está a punto de caer de la cama cuando irrumpe una música violenta. Entra Amalia, trayendo una bandeja con el café con leche, se contonea y mueve los labios como si cantara, sin emitir sonido alguno. Sebastián, asombrado, furioso)* Y a ésta, ¿qué le agarró? ¿Dónde cree estar? ¡Eh! ¿Perdiste la cabeza? ¡Juicio, descocada! *(Amalia no lo atiende. Deposita todo sobre la mesa y vuelve a la cocina, contoneándose al compás de la música. Sebastián se sienta con gran fatiga en una silla y se sirve el café con leche, tirándose la mitad encima y quemándose. Grita de dolor y se sacude. La música lo altera cada vez más y los alaridos de los cantantes le impiden beber, justo cuanto está a punto de hacerlo. Va hacia el aparato y lo detiene con una vengativa sonrisa de satisfacción. Vuelve a la mesa. Entra Amalia, enfurecida. Mira a Sebastián, abre la boca como para lanzar injurias, pero se contiene y corre hacia el grabador. Manipulea impaciente los botones hasta que sintoniza una voz agria y colérica. Aprueba con la cabeza, sonríe incluso, arrastrada por el placer de escuchar verdades. Al mismo tiempo, acusa las ofensas de Sebastián)*

Voz del grabador: ¿Por qué no te metés en tus cosas? Mejor harías en lavarte. Apestás. ¡Acostarse vestido! ¿Dónde habrás visto, inmundo?

Sebastián: ¡Me gusta dormir vestido!

Voz del grabador: ¿Quién te enseñó esa limpieza? ¡Criadero de piojos!

Sebastián (más alto): ¡Por eso! ¡Me gusta y basta! ¿Por qué no voy a darme los gustos?

Voz del grabador: ¡Sucio, piojoso!

Sebastián (como si no escuchara): Siempre quise dormir vestido. De chico, no me atrevía, de joven no se justificaba. ¿Pero ahora? Todo ese trabajo, tomar frío.

Voz del grabador (exultante): ¡Me desnudo!

Sebastián: ¿Y yo para qué voy a desnudarme? *(Con una sonrisa senil)* ¿O todavía querés guerra? ¿Eh? ¿Querés guerra? No conmigo, viejita. ¡Ya cumplí!

Voz del grabador: ¡Me das asco! ¡No quiero que me toques! ¡Lavate los pies!

Sebastián: ¿Y por casa cómo andamos? ¡Apestás a pescado! *(Ríe)*

Voz del grabador: ¡Viejo roñoso! El día menos pensado tropezás y se te astillan todos los huesos. ¡Quiero verte enyesado, duro, lleno de llagas! Porque yo no te muevo ni para ir al baño. No contés conmigo, corazón. ¡Cómo voy a divertirme!

Sebastián (tiembla violentamente, herido): ¡Camorrera! ¿No te da vergüenza? ¡Te reirás de mí, de mis desgracias? ¡Perra, mal parida!

Voz del grabador: ¡Guardate tus ofrecimientos! ¡No quiero nada! *(Leve desconcierto de Amalia)*

Sebastián : ¿Quién te ofreció algo, puta?

Voz del grabador: Todo es gratis. ¡Te digo que sí!: ¡gratis! Necesito cariño. *(Canturreando)* ¡Amor, amor..! *(Breve pausa, tono tierno, casi apacible)* ¿Qué? No entiendo. Hablás tan bajo...

Sebastián: ¡No digo nada! ¿Qué creés? ¡No digo nada! ¡Estoy mudo! *(Cierra la boca y emite sonidos inarticulados)*

Voz del grabador (risa halagada): ¡Qué proposición tan..! *(Aumenta el desconcierto de Amalia, mueve los botones. Voz, otro tono, sentido)* Apenas nos conocemos... Perdimos un tiempo. No te conocía, no te miraba.

Sebastián (tierno y natural): Te veía tomar el ómnibus, todos los días. Tardé en hablarte...

Voz del grabador: El tiempo no vuelve, Sebastián, pero se

recupera. Cada beso nos devolverá el tiempo, el de ahora, el de antes de nosotros, el que vino después... *(sigue funcionando en silencio)*

Sebastián (conmovido): ¡Pamplinas! *(A Amalia, absorta. Dulcemente)* Hablame, Amalia. Hablame como antes. *(Espera una respuesta que no llega. Irritado)* Pamplinas. Te gusta aceitarte los oídos con la musiquita. Que el amor, que la calentura, que la verdura.

Voz del grabador (risas): ¿Me adoras?

Sebastián (indignado): ¡Un cuerno! ¡Eso te adoro!

Voz del grabador: ¡Sacá las manos, bribón! *(Risas eróticas)*

Sebastián: ¡Lo que quisieras!

Voz del grabador: ¡No insistas!

Sebastián: ¡Je, je! ¿Insistir yo? ¡Ni loco!

Voz del grabador: ¡Sacá las manos de allí!

Sebastián (en el colmo de la indignación): ¿De dónde? ¡Mentirosa! ¿Querés terminarla? ¡No me gusta escuchar porquerías *(Se acerca a Amalia por detrás, le sacude el vestido)* ¡Te estoy hablando!

Voz del grabador: ¡Testarudo! ¡Sacá las manos!

Sebastián (tartamudeando): ¿De dónde? Te pregunto de... ¿de dónde? De-de-de... ¡do! ¡Me sacás.... de quicio! ¡Aquí están mis... mis... ma... ma... nos..! *(Le planta las manos frente a la cara. Tiembla, tan indignado, que trastabilla y va a caer. Amalia lo sostiene. Manotea para apartarla)* Dejame.... Me hacés enojar... a propósito. Querés acortarme... la vida... *(Amalia niega con la cabeza y lo ayuda a sentarse. Luego se acerca al aparato, que continúa)*

Voz del grabador: ¡Es demasiado este collar! ¡Aros, diademas, una cascada de perlas! Te arruinás por mí, Sebastián. ¡No, no, anillos no! ¡Con estas manos! *(Breve pausa)* Nunca me pasó con otro. Sebastián, amor mío. *(Amalia tiende la mano hacia los botones, pero se detiene, escuchando)* ¿Bastará este momento para vivir juntos, tolerarnos, odiarnos? ¿Voy a odiarte, Sebastián?

Sebastián (bajo, apenado): Sí.

14

Voz del grabador: Esto basta para siempre. Sebastián, amor mío.

Sebastián (implorante): ¿Es verdad eso, Amalia? ¿Es verdad? *(Amalia asiente levemente con la cabeza. Sebastián, esperanzado)* Contestame, Amalia. No me importarían... tus malos modos. Me ves como soy, muy adentro de esta cáscara. Lo que vivimos juntos aún dura, calienta. ¡No lo olvidaste! *(Amalia se vuelve, asintiendo. Su mirada choca con Sebastián, que tiembla ansioso sobre la silla. Aparta el rostro. Sebastián, indignado)* ¡Podrida! ¡Te doy asco! ¡Apagá esa porquería! ¡Apagala!

Voz del grabador: Ojos, cejas, boca... Es mi tierra, es el mundo, Sebastián. *(Sebastián se toca la cara, tristemente. Amalia apaga el grabador. Le señala el café con leche)*

Sebastián (implorante): ¿No querés hablarme? Si lo intentaras... podrías hablar alguna vez... Podrías leerme el diario. Digo, para empezar... *(Amalia, de espaldas, niega con la cabeza)* No es necesario que me mires. Ni siquiera... es necesario que te escuches. Yo... yo me escucho, pero no me hago caso. ¿Por qué no me hablás? ¿Qué tiene tu voz? ¿Moscas? Acabarás por acostumbrarte. *(Amalia niega tristemente con la cabeza, llora)* Estoy cansado de hablar solo. *(Amalia da un paso hacia el grabador)* ¡Quedate quieta! No quiero oír otra vez que soy sucio y apesto. No acertás una. ¡Podrías aprender a manejarlo! Lo... lo de la ternura salió por casualidad. ¡Y no me importa! Yo quiero oír tu voz. Sueño, sueño con tu voz, Amalia. De noche, en sueños, no hacés más que hablar conmigo, pero yo estoy mudo, roncando. No doy pie con bola. Te divertís, me contás chismes, secretos, ¡conventillera!, ¡pero no puedo contestarte! ¡Hablame ahora! *(Espera. Irritado)* ¿Por qué no lo aceptás de una vez? Todo cambia. La voz también cambia. La piel, los huesos, los zapatos. *(Amalia gime extrañamente)* ¿Por qué hacés tanta historia? ¡Y no llorés! ¿Qué ganás con llorar? ¡Pudrirme la sangre! *(Con esfuerzo)* Si mi compañía... bien..., no te resulta, ¿por qué no...? *(Se detiene)*

Voz del grabador (agresiva): ¿Qué?

Sebastián (indignado): ¡Lo que falta! ¡Habla solo! *(Espera, pero el aparato no sigue)* Hay otros hombres. No como yo, pero lo que sobran son hombres. ¿Por qué te emperrás conmigo? No es necesario que sean... muy jóvenes, que sean muy viejos. Medianos pueden ser. Si querés, te dejo probar... con otro. ¡Te dejo! *(Adelanta la cabeza, ansioso. Amalia niega con un gesto)*

Voz del grabador (triste): No quiero estar con otro.

Sebastián (sin escuchar): Yo podría pasar por tu padre. O por tu abuelo. No voy a desaparecer del mapa, eso sí. Puedo ser un inválido, un reblandecido. Como te guste. Quiero verte contenta. No soy celoso. *(Una pausa)* Y después... podríamos hablar. Cuando el otro rajara al trabajo, podríamos hablar. Estaría despierto y me hablarías con tu voz, con tu voz...

Voz del grabador: No me pidas que hable. No me pidas que hable.... *(Sigue funcionando repitiendo: "No hablo. No hablo y no hablo", cada vez más aceleradamente hasta que se corta del golpe)*

(Sebastián se levanta de la silla, la voltea. Al oír el ruido, Amalia se vuelve y corre hacia él. Lo ayuda a sentarse en la cama, le acomoda la pañoleta. El le toma una mano que ella aparta en seguida. Se aleja y queda inmóvil, dándole la espalda. Sebastián busca torpemente entre los diarios, le extiende una hoja. Es una hoja recortada de cualquier modo, con un agujero que parece hecho con los dientes. Después de un momento, agrega otras y las vuelve a ofrecer a Amalia)

Sebastián: Esta mañana recorté un montón de animales. Recorté caballos, perros, sardinas. Para que estés acompañada. *(Se desconcierta)* Bueno, las sardinas no sirven. *(Una pausa, bajo)* Te adoro, casi siempre te adoro. *(Amalia sonríe dulcemente)* ¿No querés hablar? Me gusta tu voz. Yo no se por qué tanto empeño en... Te decía... ¿No querés agarrar los animales? *(Sin volverse, Amalia retrocede unos pasos y recoge los diarios. Sin querer, los estruja)* Despacio. No seas bruta. Los animales sufren también. No hablan: no pueden defenderse, ofenderse. *(Amalia se sienta junto a la mesa y extiende los diarios sobre sus rodillas, los alisa. Sebastián)* A veces lloran, ¿no? Pero las sardinas no, no, no lloran. *(Un silencio. Con tímida, obstinada esperanza)* ¿No querés hablar? Te haría... bien. ¿No..? ¿No hay... caso? Esperá, te hago un elefante. *(Toma las tijeras y una hoja de diario y corta febrilmente)* El elefante tiene patas anchas como columnas... así, tonel por panza... así, piel de mondongo. Lo más difícil son los dientes y la trompa. Imaginate, los dientes por... *(señala)* allá. Colmillos. Se llaman colmillos. Y la trompa. ¡Mi Dios! ¡Qué trompa! Vueltas y vueltas. Y después, para rascarse, se. tiran tierra. ¿Cómo hacerlo? No, no es fácil hacer un elefante. Pero yo... Tomá. *(Le tiende una hoja doble de diario, con dos agujeros al azar y cuatro tijeretazos. Ella deposita los papeles sobre la mesa , pero no se levanta)* ¡Miralo! ¿Qué te pasa? ¿Nunca fuiste al zoológico? Es un elefante de mentira. No pesa. Un elefante en carne y hueso hundiría el piso. ¡Ellos sí que apestan! No yo. *(Ríe, luego, suplicante)* Vas a sentirte acompañada, contenta. Dame el gusto. *(Enojándose)* No seas testaruda. "Es" un elefante. ¡Dame el gusto! ¡Peste! ¡Bruja! *(Arrepintiéndose)* Vieja, viejita. *(Nervioso, empieza a mordisquear el papel, lo mastica y lo escupe. Hace un bollo con otro papel y se lo arroja a Amalia por la cabeza)*

Amalia *(se vuelve, furiosa. Habla por fin, su voz es cascada y estridente):* ¡No escupas el papel! ¡Me lo diste en la cabeza!

Sebastián: ¡Agarralo entonces! Es un elefante, un juguete.

Amalia: ¡No! Es una porquería. Un diario roto. *(Barre al suelo los diarios depositados sobre la mesa)* No son animales, no son figuritas. Son porquerías.

Sebastián:Imbécil. No ves cuatro en un burro.

Amalia *(con intención):*¡Pero al burro lo veo! *(Sebastián se *incorpora, empuñando las tijeras. Amenazador, avanza trastabillando. Amalia le arranca las tijeras y las arroja por el aire)* ¡Dejá estas tijeras! Te las vas a clavar en un ojo. Lo único que me faltaba: ¡tuerto!

Sebastián (mira la mano de Amalia sobre su brazo): ¡Qué uñas!

Amalia (belicosa): ¿Qué tienen mis uñas?

Sebastián: Parecen garras, espadas. ¡Escandalosa!

Amalia: ¿Te molestan?

Sebastián: ¡Sí! ¡Me asquean!

Amalia: ¡Y a mí me molestás vos! *(Lo suelta y lo empuja)* ¡Que otra te sirva de poste! ¡Carcamán!

(Amalia se mira las uñas, desafiante, luego mira a Sebastián, tendido largo a largo en el suelo, inmóvil. Se inquieta. Lo toca con el pie, él lanza un gemido. Amalia trata de levantarlo sujetándolo por la ropa. Se le cae y golpea sobre el piso con un ruido sordo. Se restriega las manos, preocupada)

Voz del grabador (irrumpe, exultante): ¡Por hoy, basta de tristezas! ¡Arriba los corazones! *(Cantando)*

Si quieres gozo, gozo
gozo en tu corazón
¡en tu corazón!

(Corta sin intervalo a una música bailable. Automáticamente, Amalia se contonea)

Sebastián: ¡Amalia! *(Amalia silencia el aparato)* ¡Amalia! *(Apretándose las narices y desviando el rostro, ella se inclina sobre él)* Acercame una almohada. Me pegué en la cabeza. *(Amalia recoge una almohada y la arroja al suelo, cerca de Sebastián. El, temblorosamente, no atina a deslizarla bajo su cabeza. Por un movimiento convulsivo se la echa sobre la cara. Queda inmóvil)*

Amalia (lo observa, luego): Sebastián..., sacate la almohada de la cara, vas a asfixiarte.

Sebastián (con otro movimiento espasmódico, empuja la almohada hacia el suelo. Sonríe): Gracias por avisarme.

(Amalia recoge una escoba y le empuja la almohada debajo

de la cabeza. Sebastián) Estoy torpe. Los animalitos me salen... torpes. *(Amalia niega. Sebastián, intentando conversar)* ¿No creés? Podrían ser mejores. Pero se necesita mucha práctica. Años de práctica. Recortaré muñequitos para que adornes el aparador. ¿Te gusta? *(Amalia asiente)* ¿Sí? *(Nuevo asentimiento)* ¿Ya... ya no hablás más? ¿No? *(Un silencio)* Claro, nos peleamos... Tengo sed. *(Amalia inicia un movimiento)* No, quedate ahí. No me mirés. Si... si viniera otro y... disimuladamente, yo le prestara mi voz... ¿qué te parece? Sería conmigo, en cierta forma, con quien... Cerrarías los ojos y... Sería yo, podrías creerlo sin mucho esfuerzo. *(Se entusiasma, ríe)* ¡Sí, sí! Serías feliz y luego, conmigo, cuando estés a solas, podrías... hablarme. No es mucho a cambio... Hablarme como una viejita, como si hubiéramos envejecido juntos, totalmente. ¿Por qué diablos no envejecimos juntos? ¿Por qué mi voz no se cascó y tu cuerpo no se cascó? Y no te mortificaría mirarme porque tendrías al otro. Sí, tendrías que mirarme, hablarme naturalmente, sin asco. *(Con esperanza)* ¿Podrías? *(Amalia asiente con la cabeza. Sebastián, excitado)* Tendríamos que elegir bien. Entre los vecinos... Alguno te habrá hecho la corte, ¿no? *(Amalia niega. Sebastián, contento)* Bueno, buscaremos. Ya aparecerá alguno. *(Ríe. Intenta incorporarse, se va al suelo. Amalia lo ayuda y consigue sentarlo sobre la silla. Sebastián, muy agradecido)* ¡Gracias! ¿Ves? Ya te da menos asco tocarme. Pensás en el otro, con mi voz. Como si volvieras a encontrarme, Amalia. Y luego, cuando se vaya al trabajo, estaremos juntos, como somos. Compensaremos. *(Ríe)* Ahora... ahora voy a tomar el café con leche. *(Termina de llenar la taza y se la lleva a la boca, temblando violentamente. Se la tira encima. Ríe)* ¡Me empapé!

Escena 2

La misma habitación. El Novio está sentado, muy tieso, sosteniendo un ramito de flores artificiales. Aparenta unos cuarenta años y su aspecto es muy pulcro. Permanece inmóvil un momento, salvo los ojos que giran para todos lados, luego observa con mayor decisión a su alrededor, incluso debajo de su silla. Se incorpora sigilosamente e inspecciona la habitación. Levanta la alfombra, que tiene una pronunciada joroba por la mugre, papeles, etc., que se amontonan debajo. Pasa un dedo sobre los muebles y lo saca lleno de tierra. Se limpia. Su aire es curioso y circunspecto. Huele. Vuelve a sentarse. Después de un momento, saca una franela del bolsillo. La agita nerviosamente alrededor de las flores, como quitándoles tierra y después, bruscamente, se dirige hacia un mueble y lo limpia. Durante toda la escena siguiente, limpia rápida y subrepticiamente, con el carácter involuntario pero irrefrenable de un tic, lo que se pone a su alcance. No abandona las flores. Entra Sebastián desde la cocina, casi arrastrando a Amalia de la mano. De inmediato, el Novio se pone de pie y se inclina.

Sebastián: Perdone que lo hayamos hecho esperar. *(Ríe)* La coqueta quería acicalarse. ¿Verdad que sí, querida? La coqueta dice que sí. Siéntese. *(El Novio se sienta y huele. Sebastián, con solicitud)* ¿Le pasa algo?
Novio: ¿A mí?
Sebastián: ¿Está resfriado?
Novio: No, no. Huelo.
Sebastián: ¿Las flores? ¿Esas hermosas flores?
Novio: ¡No, no!
Sebastián: ¡Ah! ¿Algo especial? Mi hijita preparó una torta.
Novio: No. No puede ser... una torta.
Sebastián (desilusionado): ¿No?
Novio: No. Es otro olor. Perdone usted. Hueso.

20

Sebastián (admirado): ¿Huele a hueso? ¿De quien?

Novio: No, no, de nadie. Flota en el aire.

Sebastián: Viene de afuera.

Novio: Ah, puedo decirlo entonces. Hueso podrido. *(Levantándose)* Pero, ¿por qué no se sientan? ¡No puedo permitir!

Sebastián: No, de ninguna manera. Siéntese. Sentate, Amalia. *(Ninguno de los dos lo hace)* Sólo tenemos dos sillas. Nunca recibimos a nadie. Así que con dos sillas sobra, porque yo me siento en la cama. Siéntese, por favor. *(Lo empuja sobre la silla. A Amalia, enojado)* ¡Vos también! *(La empuja, pero sin éxito. Ríe, torciendo la boca, furioso. Al novio)* No recibimos a nadie. ¿Para qué más muebles? Yo me muero, ¿y quién disfruta los muebles? ¿La polilla? *(Sigue mientras Amalia lo arrastra sin violencia hacia la cama, donde lo ayuda a sentarse)* Por eso no quise tener hijos. ¿Quién disfruta los hijos? Mis padres no me disfrutaron. Apenas crecí, se murieron. Igual murieron contentos. Parece que yo hacía gracias. *(Ríe, más furioso. Nerviosamente, toma una hoja de los diarios y se la lleva a la boca. Amalia se la aparta con suavidad, luego pretende abrigarlo con la pañoleta)* ¡Dejame tranquilo! ¡Hace un calor que reviento! *(La mira con suspicacia)* ¡Vamos, insultá! ¿Por qué no corrés a tu aparatito? Estás sumisa hoy, ¿eh? ¿Por qué? ¿Por ése? ¡Miralo! *(El Novio se ha entregado a su manía de limpiar. Amalia, violentándose, pero con ternura, tiende las manos hacia la cabeza de Sebastián, lo toca levemente. Un silencio. Sebastián, conmovido)* Me tocaste... *(como disculpándose)* Huelo. Me lavé un poco... Pero no los sobacos, me da escalofríos... Si tenés paciencia... ¿quién te dice? *(Amalia permanece junto a él, sin mirarlo)* No te quedés conmigo, andá. *(Amalia se dirige a la silla y se sienta. Sebastián, al Novio, en otro tono, casi desafiante)* No recibimos a nadie, sólo tenemos dos sillas.

Novio (esconde la franela): Observé que no recibían a nadie. Una de las virtudes que me atrajo en su hija, *(amablemen-*

te, a Amalia) de quien no conozco la voz, *(Amalia lanza una risita estridente que lo consterna, pero se sobrepone y sigue hablando)* fue su devoción. Durante diez años...

Sebastián (interrumpiendo): Desde que nos casamos.

Novio: ¿Cómo?

Sebastián: Desde que me casé con su madre.

Novio (sorprendido): ¿Sólo diez años?

Sebastián: Desde que murió su madre. ¡Pobre! *(Ríe divertido. Amalia golpea frenéticamente con el puño sobre la mesa para advertirle. Sebastián deja de reír. Muy compungido)* ¡Pobre! ¡Murió tan joven! *(Muy divertido, señalándola con el dedo)* ¡Y ella es muy fiel! ¡Amalia! ¡Joyita!

Novio (carraspea): Sí, decía que durante diez años la he visto vivir encerrada aquí, junto a usted. Salir poco y nunca sola, siempre llevándolo de clavo. Es conmovedor. *(Risa estridente y cavernosa de Amalia. El Novio la mira fugazmente, muy sorprendido. Se sobrepone)* Ahora la situación cambiará. Debe cuidarme a mí. Yo necesito la devoción de una mujer. Y ella necesita formar su propio hogar.

Sebastián: Sí, yo he vivido bastante.

Novio (a Amalia): ¿Está de acuerdo?

Sebastián (violento): ¡No quiero que se vaya lejos! ¡Eso sí que no! ¡No soy un trasto!

Novio: De ningún modo. Nuestro hogar será el suyo. *(A Amalia)* ¿Está de acuerdo?

Sebastián: Sí, está de acuerdo.

Novio: ¿No habla?

Sebastián: ¿Por qué no hablás, querida? ¿Qué te ocurre? *(Al Novio)* Es tímida. *(Amalia lanza una risa estridente)*

Novio: ¡Pero conmigo! ¿Me permite? *(Rápidamente, limpia la mano de Amalia con la franela y se la besa)* Dígame algo, querida.

(Amalia vuelve la vista hacia el grabador y luego hacia Sebastián, pidiendo ayuda)

Sebastián (malévolo): Hablá, querida. ¡Qué mutismo! *(Al Novio)* Tiene una voz que es de miel. ¡Si usted la oyera! ¡Es un deleite!

Novio (a Amalia): Su carta...

Sebastián: Por favor, no le diga de usted.

Novio (a Amalia): ¿Me permitís?

Sebastián: Sí, le permite.

Novio: Tu carta me sorprendió, me encantó.

Sebastián: Sí, la escribió ella. La carta, sí. A mí me tiembla la mano. Pero la pensamos juntos. Los adornos sobre todo, son míos.

Novio (deprimido): ¿Suyos?

Sebastián (contento): Sí. Siempre tuve inclinación por las bellas artes. A ella le escribía cartas hermosísimas. ¡Qué cartas, Amalia! ¿Te acordás? *(Amalia asiente. Ríen, cómplices, los dos)*

Novio (consternado): ¿A ella?

Sebastián (corrige rápido): A ella, a la madre. Siempre me confundo. ¡Son tan parecidas!

Novio: ¿Vive la madre?

Sebastián: ¡Por supuesto! ¡Qué pregunta! ¿Cómo va a existir una hija sin madre?

Novio (desalentado): ¿Así que la carta la escribieron juntos?

Sebastián: ¡No, la madre no! *(Aparte, a Amalia)* ¡Qué lerdo! *(Al Novio)* ¿Quién le habló de la madre? La escribimos Amalia y yo. Pero yo me limité a... la forma. El contenido: el fuego, la pasión, es de ella. Arde. Yo ya...

Novio: Decime algo, querida.

Sebastián: Decile algo, querida. *(Al Novio)* Tardará un poco en contestar.

Novio: ¿Por qué?

Sebastián: Es así. Tan tímida que grabó todo lo que piensa decir. Se ahorra trabajo. Después de los cincuenta, el carácter no se modifica más.

Novio: ¿Pero cómo sabe..?

Sebastián: ¿A quién dirigirse? *(Fresco)* No sabe. *(Con otro tono)* Yo tengo la culpa. Tantos años solos que perdió la costumbre de hablar con la gente. Lo hace incluso conmigo. (*Triste*) Nunca me habla.

Novio (desalentado): ¿Nunca?

Sebastián (recapacita): No. Es una forma de decir. (*A Amalia*) No entiende. ¿Por qué no le explicás, hijita? (*Amalia niega con la cabeza*) Me habla por teléfono, por el grabador. (*A Amalia*) Mirá. El señor te ha traído flores. ¡Qué amable!

Novio (se incorpora y se las tiende): Flores para una flor.

Sebastián (escucha y rompe a reír estruendosamente, hasta las lágrimas. Se cae sentado de la cama. Amalia deja al Novio plantado con las flores, levanta a Sebastián y le seca la cara con un pañuelo. Furiosa por la risa le pega una bofetada. Sebastián): ¡No pegués! (*Se calma*) Ocupate de esa maravilla. Te espera. Agradecé las flores. (*Amalia se separa con una sonrisa, al pasar arranca las flores de manos del Novio y se dirige al aparato. Lo conecta. Sebastián*) No te equivoqués, hijita. Prestá atención.

Voz del grabador (mientras Amalia se balancea agitando las flores. Voz dulce y modesta): Me llamo Amalia, tengo treinta años, soy rubia, limpia, hacendosa y trabajadora. Quiero entablar relaciones con un hombre de mediana edad, sano y trabajador. Mi abuelo es muy viejo, morirá pronto y me quedaré sola. Encantada de conocerlo. ¿Cómo se llama?

Novio (sorprendido): ¿Cómo? ¿No sabés mi nombre? Me llamo Antonio.

Voz del grabador: No sé su nombre. ¿Cómo se llama?

Novio : Antonio.

Voz del grabador: ¿Cómo?

Novio (angustiado): Antonio.

Voz del grabador: ¿Cómo?

Novio: Antonio.

Sebastián (inquieto): Atención, Amalia. ¿Qué hacés? ¿Para qué tantas veces? (*Mientras el grabador sigue preguntando aceleradamente "¿Cómo?, ¿cómo?", Amalia se inclina y corre los botones. Se oye: "¡Bruto!", algunos insultos y un gran alarido. Sebastián, nervioso*) Ya hablaste bastante. Apagalo. *(Amalia obedece. Sebastián, al Novio, con sonrisa falsa)* ¿Escuchó?

Novio (alelado): ¿Qué fue?

Sebastián (mundano): Lo grabé yo, una oportunidad. Intentaron violar a una joven, acá abajo, en el zaguán.

Novio: ¿Lo consiguieron?

Sebastián: No. Fue lamentable. Pero basta. Amalia se impresiona. No duerme bien.

Novio (a Amalia, tierno): Perdone. Siéntese aquí. Sentate. *(Amalia se sienta, erguida. El arrima su silla a la de ella. Siempre limpia todo con gestos rápidos que cesan bruscamente)* Dame tu mano, Amalia. ¿Puedo llamarte Amalia, no? *(Amalia no lo mira, inmóvil)* ¿No querés darme... tu manito? *(Desconcertado, a Sebastián)* ¡No quiere!

Sebastián: Es muy sensible. ¡Le dije que no le preguntara nada sobre la violación esa! Está asustada.

Novio: No tengás miedo, Amalia. Dame tu mano. *(Amalia inmóvil)*

Sebastián (como si fuera el Novio): Dame tu mano, Amalia. *(Amalia arroja las flores al suelo y tiende la mano hacia el Novio. El Novio mira a Sebastián)* No se asombre. Sólo me obedece a mí. Claro, tantos años. Ya se acostumbrará a usted. Dele tiempo. Yo lo ayudaré por ahora. Amalia es una chica muy dócil. *(Con odio)* Pero no se propase.

Novio: ¿Cómo se le ocurre, señor? *(A Amalia)* ¿Puedo besarte la mano?

Sebastián: ¿Puedo besarte la mano? *(Amalia asiente y levanta la mano hacia la boca del Novio. Como no lo mira, calcula mal y le pega en la nariz)*

Novio (toma la mano y corrige la posición. La besa): Me gustaría... que me hablaras. ¡Qué lindos deditos! ¿Puedo besarte los deditos? *(Les pasa rápidamente la franela y los besa)*

Sebastián (con disgusto): ¡Qué estilo!

Novio: ¿Puedo besarte otra vez los deditos? *(Sin mirarlo, Amalia asiente sonriendo)*

Sebastián (picado): ¡Contesto yo, Amalia! ¡Las decisiones iban a ser mías! ¡No te metás! *(El Novio besa ahora el brazo de Amalia. Sebastián, inquieto)* ¿Qué hace?

Novio (a Amalia, que sonríe plácidamente): No me tengás miedo, pimpollo. *(Se acerca más)* ¿Me das la otra mano? *(Amalia inmóvil)* ¿No? *(A Sebastián)* ¿Qué le pasa? ¿Por qué no contesta?

Sebastián (fastidiado): ¡Se lo dije! Por ahora sólo me obedece a mí. Con una mano ya es bastante. Confórmese.

Novio: No me conformo. ¡Quiero la otra mano!

Sebastián: ¡Una sola y basta!

Novio: ¿Qué inconveniente hay? No pretendo ninguna inmundicia, creo. (A Amalia, tierno) Y la piernita, ¿me la das?

Sebastián (alterado): ¡Confórmese, digo!

Novio (se levanta furioso): ¡Cállese! En la carta me decía que hervía de pasión por mí, ¡por mí!

Sebastián (despectivo, mientras Amalia golpea nuevamente sobre la mesa como advertencia): ¡Qué va a hervir! ¡Nada menos que por usted! ¡Qué estúpido!

Novio: ¡No van a estafarme! ¡Me voy! ¿Qué hago con una mano? ¡Es una miseria! ¡Quiero las dos manos! ¡Quiero más!

Sebastián (furioso, a Amalia): ¡Terminala de golpear! ¿Para qué tenés lengua? *(Al Novio)* Está bien. ¡Siéntese! ¡Debe respetarme las canas!

Novio: Se las respeto. Pero la naturaleza humana tiene sus exigencias. Por lo demás, no hay que escribir una cosa por otra. También mencionaba otras partes.

Sebastián: Siéntese. Nos excedimos, Amalia. Fue ocurrencia tuya la de excederte. Siempre prometés mucho. Después, para cumplir... ¡si lo sabré! *(Se levanta dificultosamente y se dirige hacia el Novio. Lo empuja sobre la silla)* ¡Le digo que se siente! Se le entregará lo prometido. *(Con súbita desconfianza)* Pero, ¿usted trabaja?

Novio: ¡Naturalmente!

Sebastián: ¿Cuándo?

Novio: ¡Todos los días!

Sebastián: ¿Sí? ¿Cuánto?

Novio: Ocho horas y dos extras.

Sebastián: ¿Sólo eso? ¿No va al café con los amigos? ¿Al cine? ¿Juega al billar, a las bochas? *(Con histérica esperanza)* Seguro que en su casa no lo conocen, ¿no? ¡No para nunca de irse! ¡Tendrá una amante por ahí! ¡Es saludable!

Novio: ¡No, señor! ¿Por quién me toma? ¡Soy hombre de su casa!

Sebastián: ¡Me lo imaginaba! *(A Amalia)* ¡Qué ojo tuviste! ¡Te felicito!

Novio: ¿Pero qué tiene que ver? ¡Quiero las manos! *(Directamente, a Amalia)* ¡Dame las manos!

Sebastián: Calma, calma. Espere. No está acostumbrada a su voz. *(Se encamina hacia la cama, rezongando)* ¡Tanto apuro! *(Se vuelve, agresivo)* ¡Roma no se hizo en un día! *(Espera una respuesta, pero como no la recibe, se sienta en la cama. Una pausa. Con otro tono)* Dame la mano, Amalia. Las dos manos *(Amalia tiende sus manos al Novio. El sonríe, se las besa, luego le acaricia las rodillas, le toca las piernas. Sebastián inquieto)* ¡Hablábamos de manos! *(No lo atienden. Se tocan. Sebastián observa consternado, rabioso)* ¡Déjela tranquila! ¡No le gusta! Es frígida. *(Observa cada vez más angustiado)* Que se vaya. No quiero besarte. Me repugnás, labio leporino. *(Amalia y el Novio se besan)* No quiero besarte. Tenés bigotes, Amalia, granos, dientes podridos. Me das asco. ¡No lo besés, Amalia! Contagiás a todo el mundo, sí, sí, ¡a todo el mundo! ¡Idiota, le contagiará una peste! ¡Echalo a patadas, Amalia! No puedo ni siquiera... mirarte. *(Desesperado)* No te dejés besar, Amalia, amor mío... No soy yo. ¡No soy yo! Te... te manosea... *(Esconde la cara entre las manos, llora. Al oír el llanto, Amalia se aparta poco a poco)*

Novio: ¿Qué le pasa? ¿Por qué llora? Es muy viejo. Ya no debe importarle nada. ¿Comió? Una vez que comen se quedan tranquilos. Preparale algo de comer. Que se vaya a dormir.

(Amalia lo mira como para contestarle, pero va hacia el grabador y lo conecta)

*Voz del grabador (tierna):*Hablame, Sebastián. No me dejés. Hablame.

Novio (sin escuchar): Todo lo que quieras, Amalia. Me resultás muy... bien, Amalia. No tenés experiencia. Ninguna. Se ve. Eso me pone... me pone... *(la abraza)*

Sebastián (se levanta y lo golpea en la espalda): ¡Déjela en paz! *(Del envión se le cae encima. Amalia lo sostiene y lo sienta en una silla)*

Novio: Cálmese. Tiene buenas carnes. Me puse... frenético. Hace tantos años que yo no... Recibí la carta, es la primera vez que una mujer me busca.

Sebastián: Lo comprendo.

Novio: Hasta lo aguantaría a usted para...

Sebastián: ¡Tenga modos, cochino!

*Novio:*Los tengo. Traje flores. *(A Amalia)* ¿Te ofendí, amor?

Sebastián (furioso): ¡No se llama amor, se llama Amalia!

Novio: Lo siento. Es cariñoso. *(Camina alterado. De pronto, se para en seco. Atónito ante su propio olvido, se mira los pies. Saca un par de patines de género del bolsillo y se desliza sobre los patines)*

Sebastián: ¿Qué hace?

Novio: No quiero ensuciar el piso.

Sebastián: ¿Tiene los botines embarrados?

Novio: ¡No! ¿Cómo iba a venir con los zapatos sucios?

Sebastián (a Amalia): ¿Lo ves? ¡Qué necio! ¿Por qué no buscaste a otro? ¿Estabas ciega? ¿O tan caliente que no veías? *(El rostro de Amalia se ensombrece. Se dirige hacia el grabador y, con furia, mueve los botones)*

Voz del grabador (airada): ¡Viejo envidioso, maniático! ¡Me contratarán! Seré famosa. ¡Brillaré en el firmamento!

Novio: No te violentés. Yo se tratar a los viejos. Traé algo de comer. Después duermen.

Sebastián (arrepentido): Amalia...

Novio (risueño): ¡Sí, señor, sí, señor! Le daremos, pan, queso, un rico plato de sopa y se acostará a dormir. Amalia le preparará la comidita y yo le arreglaré la cama. Es muy tarde para que ande levantado. *(Va hacia la cama, mira)* ¡Pero qué desorden! *(Dobla los diarios)* ¿Te da mucho trabajo, querida? ¡Qué cruz! Se ve que es sucio, huele a hueso podrido.

Sebastián (frenético): ¡Usted!

Novio: Sí, sí, abuelo.

Sebastián: ¡No toque a mis animales!

Novio: Sí, sí, abuelito. *(Dobla los diarios. Sebastián, furioso, los agarra y los rompe. Luego los pisotea. El Novio, imperturbable, a Amalia)* Preparale algo, querida. ¡Quiero que duerma!

(Amalia lo mira sañudamente, sin simpatía)

Sebastián: ¡No quiero nada! ¿Qué se cree este idiota? ¡No me van a rajar! Me quedaré siempre aquí, de clavo. No me chupo el dedo: te gusta. ¡Puta!

Novio: ¡No insulte a su hija! ¿Dónde ha visto? *(A Amalia)* ¡Cuánto habrás tenido que aguantar! Pero ahora cambiará la situación. Estoy yo para protegerte. *(Amalia, con cara de pocos amigos, abre la boca. El Novio, deteniéndola con un gesto)* ¡No le contestés! Está pasado de sueño. Le arreglo la cama y lo acostamos.

Sebastián: ¿A mí? ¿Lo oís? Este idiota no se irá nunca al trabajo. Lo tendrás siempre pegado al trasero. No podremos charlar. Además, no me gusta. Buscá a otro. ¡Termínela de limpiar! ¡Estas son las nuevas generaciones! ¡Te toquetea delante de tu padre! ¡Irrespetuoso! ¡Mugre! ¿Qué se ha creído?

Novio: ¡Cómo se pone pesado! *(Confidencial)* ¿Es siempre así? ¡Qué carácter! ¿Cuántos años tiene? ¿Le falta mucho para..? *(completa la frase con un gesto alusivo)*

Amalia (con su voz estridente y cascada): Setenta y ocho.

Novio (incrédulo, sorprendido): ¿Quién... habló?

Amalia (se le acerca): Tiene razón mi padre. No me gusta tu aspecto. No me gusta.

Novio (tratando de vencer su azoramiento): ¡Qué voz tan..!
¡Pero no importa! Podés quedarte callada. Es... es mejor...
Hasta... hasta prefiero las mujeres silenciosas. No hay
problema conmigo. Me conformo. Pero dame la piernita.

Amalia (le tira un puntapié): ¡Tomá!

(Sebastián festeja, muy contento)

Novio: ¿En qué te ofendí, tesoro?

*Amalia:*No me gustás.

Novio: ¿Yo? No quise mortificarte. No tenés la culpa. Te que-
dás callada y...

Sebastián: ¿Y por qué se va a quedar callada? ¡No es muda!
¡Váyase!

*(Amalia busca las flores por el suelo y las coloca grosera-
mente en la mano del Novio)*

Novio (automáticamente, las limpia): ¿Querés que me vaya?

Amalia: Sí.

Novio: ¿Y la carta?

Amalia: Limpiate.

(Sebastián ríe, muy divertido)

Novio (consternado): ¿Me lo decís a mí?

Sebastián (muy divertido): ¡No, a mí!

Novio: Dulzura, ¿qué pasa? Hay una confusión. ¡Es este viejo
chocho que nos impide entendernos! Tu voz no me interesa. Mejor. Te callás y no nos pelearemos nunca. ¡Siempre
de acuerdo! *(Coloca las flores sobre la mesa, se acerca a
Amalia y le besa la mano y el brazo)*

Sebastián: ¡Empieza otra vez! ¡No es mi hija!

Amalia (por espíritu de oposición): ¡Soy su nieta!

Novio (sufriendo): Te amo, pero, ¡no hablés! ¡Me perforás los
tímpanos! ¡No lo aguanto! *(Sigue besándola)*

Sebastián (ríe): ¡No lo aguanta! ¡Qué delicado! ¡No se meta
con viejas!

Amalia (se vuelve furiosa): ¡Soy tu nieta! ¡Envidioso!

Sebastián: ¡Un corno! *(Al Novio)* Es mi mujer. Tengo libreta
de casamiento, no permitiré que haga la loca. ¡Váyase!

¡Vaya a ladrar a los perros, a... a perseguir gallinas! ¡Desaparezca de mi casa! *(Muy alterado, hace bollos con el papel y se los arroja. Toma las tijeras)* Si no, con estas tijeras... ¡lo descuartizo!

Amalia *(se acerca y le arranca las tijeras):* ¡No te voy a dar más estas tijeras! ¡Siempre revoleándolas por el aire! ¡No podés moverte! ¿A quién vas a descuartizar? *(Se vuelve hacia el Novio):* ¿Qué hace ahí? ¿Papa moscas? ¿No le dijo mi padre que se fuera? ¡Váyase, necio!

Novio *(alelado):* ¿Me echa?

Amalia: ¿No escuchó? *(Lo mira)* ¿Dónde tenía los ojos?

Sebastián:¿Viste, viste? ¿No te decía? ¡No es tu tipo!

Novio *(furioso, feliz de desquitarse):* ¡Usted no opine, reblandecido!

Amalia: ¡Y usted tampoco! ¡Váyase! ¡Llévese esta porquería! ¿Por qué no trajo algo de comer? ¡Flores! *(Se las arroja en la cara)*

Sebastián *(ardiente):* ¡"Yo, yo" te traeré flores!

Novio *(las recoge, anonadado, y se encamina hacia la puerta):* ¡No entiendo!

Sebastián *(risueño):* ¿Qué le va a hacer? ¡Yo sí!

Novio: ¡Todo marchaba bien! ¡Por ese viejo de mierda!

Amalia *(descubre los patines en el suelo):* ¡No deje nada! ¡Llévese sus patines!
(Rápidamente, el Novio vuelve sobre sus pasos, recoge los patines y sale. Un silencio)

Sebastián *(adulador):* Amalia... ¿estás enojada? *(Violento)* ¡Cómo te prendiste!, ¿eh?

Amalia *(inmóvil):* Hacía años que no besaba a nadie.

Sebastián: Podés besarme a mí.

Amalia: Tenés mal aliento.

Sebastián: Antes también, y no te importaba.

Amalia: ¿Cuándo empezó a importarme?

Sebastián: Apenas nos casamos. Algo en mí empezó a molestarte.

Amalia *(sin firmeza, tiernamente):* No... no...

Sebastián: Podés besarme... las manos. *(Se las mira)* Me las puedo lavar bien, para complacerte. Con jabón y agua caliente. Les pongo crema y...

*Amalia:*Callate. Tienen olor a viejo.

Sebastián (herido): Sí... Bueno, es un olor como cualquiera. Hablás. Nunca te escuché hablar tanto. Me gusta... tu voz. Es áspera, un poco áspera, eso sí. Pero... es tuya. Es una ventaja, ¿no creés?

Amalia (se vuelve y lo mira fugazmente, conmovida): Sebastián... sabés... querer.

Sebastián (modesto): No, no. Cualquiera...

Amalia (con esfuerzo): Me gustan mucho tus animales, Sebastián.

Sebastián (complacido): ¿Sí? ¿De verdad?

Amalia: Quiero que me recortes algo, un muñeco.

Sebastián (ríe): Dios mío, es la primera vez que me pedís.... Yo creía que te fastidiaba.

Amalia (recoge las tijeras y se las tiende): Cuidado con las puntas.

Sebastián (felizmente incrédulo): ¿En serio querés...?

Amalia: Sí.

Sebastián (revuelve entre los diarios. Recorta entusiasmado, tiembla muchísimo): ¿Con pelo?

Amalia (tristemente): No. Pelado. Sin dientes.

Sebastián: ¿Con ojos? ¿Ojos redondos o alargados? Sé hacerlos de las dos maneras. Con ojos chiquitos o grandes. Aunque siempre me especialicé en animales.

Amalia: No. Sin ojos. Clausurado.

Sebastián: ¡Tenés unos gustos! ¿Pies, manos, un sombrero?

Amalia: No. Nada de eso.

Sebastián: ¿Nada? *(Queda inmóvil, empuñando las tijeras)* No, no sé... *(Bruscamente ríe, como si comprendiera. Con temblequeante prisa, recorta un rectángulo imperfecto. Se lo tiende)*

Amalia (lo toma, mira): Parece un ataúd.

Sebastián (alegre): Podría ser. Un niño en su cajoncito. ¿Te gusta? ¿Lo ves? Aquí están los pies, aquí la cabeza. ¿Lo ves?

Amalia: Sí, lo veo.

Sebastián: Dicen que están calentitos...

Amalia (feroz): ¿Quiénes?

Sebastián (asustado): Los niños...

Amalia (feroz): ¡Nadie está caliente en su muerte! ¡Maldito viejo! ¿No te das cuenta? Estás empezando a helarte por todos lados. ¡Y tanta cháchara! ¿No te das cuenta? ¡Y yo también! ¡Todo pasó tan rápido! *(Llora)*

Sebastián (apenado): Lo sé, lo sé. Hablaba... para distraerte. *(Suavemente, le saca el recorte y lo esconde)* No estoy acostumbrado a tu voz. ¿Por qué no hablás por...? *(Señala el aparato. Amalia lo mira)* No. Perdoname. Quiero tu voz. *(Se sienta. Un silencio)* Hablame. *(Silencio de Amalia. Sebastián vuelve su silla hasta quedar de espaldas a ella)* Hablame.

Amalia (con humildad): ¿No te molesta mi voz?

Sebastián: No. Me ofusqué. Es la voz que te dio el tiempo. Amor mío.

Amalia: Decilo otra vez.

Sebastián: Amor mío. *(Un silencio)* Yo viví mucho junto a tu voz. Envejeció conmigo, con mi cuerpo. *(Vacila)* ¿No... no querés mirarme?

Amalia (sin mirarlo): Estás... tan desmejorado. ¿Por qué me lo pedís? *(Se fastidia)* Podrías tener más tacto, Sebastián. No sos un espectáculo agradable.

Sebastián (irritado): Lo sé *(Una pausa)* Si me mirás... me lavo.

Amalia: ¡Podrías lavarte igual! No voy a mirarte. Pero tengo nariz.

Sebastián: ¡Me lavé hoy! Conformate por varios meses. *(Un silencio)* Si al menos... quisieras mirarme.

Amalia: ¿Para qué?

Sebastián (enojado): ¡Para mirarme, cuernos! ¿Qué soy? ¿Un perro? Quiero que me miren.

Amalia: No yo. Tu cuerpo anuncia la muerte, como todos los

33

cuerpos...

Sebastián: ¿Y qué? ¡A los otros los mirás!

Amalia: En los otros disimula. Pero en vos está tan cercana... la muerte...

Sebastián (herido, tocándose): ¿Aquí?

Amalia: Cada vez te deja menos lugar, te empuja.

Sebastián: ¿Y a vos? ¡Si no te callás, te aplasto!

Amalia (apenada): No podemos hablar.

Sebastián: Sí, sí, podemos. Hagamos un esfuerzo. No... no te pido nada. No es necesario que me mirés. Ahora que pienso... nunca me miraste.

Amalia (dulce, tibiamente): Sí, sí... *(Vuelve su silla hasta quedar también de espaldas a Sebastián)* Sebastián...

Sebastián: No sufras.

Amalia: Te ponías gomina en el pelo.

Sebastián: Sí, entonces se usaba. Tenía el pelo duro como una piedra. *(Se toca los mechones)* Podría ponerme ahora. No me despeinaría.

Amalia: Dame... dame tu mano. *(Previendo el gesto que ha iniciado Sebastián)* ¡Nada más que tu mano! *(Sebastián, sin volverse, le tiende la mano. Amalia, sin volverse, alarga el brazo y la toma)*

Sebastián: ¿Te doy asco?

Amalia: No, no. Puedo, puedo... engañarme.

Sebastián: Después de todo, no es la mano del idiota ese. ¡Con los patines! *(Ríe espasmódicamente. Un silencio)*

Amalia: Hablame.

Sebastián: Sí. Vos también. Contame algo.

Amalia: ¿Qué?

Sebastián: Quizás, sin mirarnos, desencontrándonos, podremos... reconocernos, encontrarnos. Tenías un hoyuelo acá. *(Se señala)* ¿Qué se hizo de él?

Amalia: ¿Yo, hoyuelos?

Sebastián (jocoso): ¡Se te perdió en el camino! *(Ríe. Un silencio)* ¿Te acordás...? *(Se detiene)*

34

Amalia: ¡Seguí!

Sebastián (nervioso): ¡No se me ocurre nada! *(Bruscamente)* ¡Cuántas veces ha salido el sol! ¡Una enormidad!

Amalia: Todos los días.

Sebastián: Sí, sí. Pero mirá si en lugar de salir el sol, se asomara un caballo. ¡Qué sorpresa!, ¿eh?

Amalia (agriamente): ¿Estás loco?

Sebastián: ¿Por qué? Estoy viejo. Quise divertirte. Pero es imposible. Cada minuto que pasa soy capaz de menos cosas. Extraño, cómo se acaba todo.

Amalia: ¡Qué blanda es tu mano! Como si no tuviera carne. Ni huesos.

Sebastián: ¡No pensés, no pensés!

Amalia (definitiva): Nunca nos encontramos.

Sebastián: ¡Sí!¡Sí! ¿Por qué se te ocurre que sujetás mi mano? ¡Usá la cabeza! En algún momento, en algún momento...

Amalia: ¿Creés?

Sebastián: Buscarías a cualquiera. Te daría lo mismo.

Amalia: Sí, me parece... *(Bruscamente)* ¡Pero no usabas gomina!

Sebastián (contento): ¡Nunca usé! Te falló la memoria. *(Un silencio)* Hablame, Amalia.

Amalia (con esfuerzo): Trabajás mucho, no te alimentás bien. Creés que la juventud te va a durar eternamente. Tenés un callo de la tijera. ¿Te duele?

Sebastián (con rapidez): No. Soy sastre. Treinta trajes por semana. Ni me doy cuenta. Soy fuerte. No me encorvo. *(Se encorva).*

Amalia: Traés demasiado dinero. ¿Para qué?

Sebastián (excitado, con mayor rapidez): Ni me doy cuenta. No me cuesta ganarlo. Hábil sobre la máquina. Me divierte.

Amalia (encorvándose): ¿Iremos a bailar el domingo?

Sebastián (encorvándose más): Sí.

Amalia (ídem): ¿Los dos?
Sebastián (definitivo): Los dos.
   (Un silencio).

Telón

Nosferatu

Nosferatu

1970

Fue estrenada en octubre de 1985 en la sala "Enrique Mui-ño" del Centro Cultural Gral. San Martín de Buenos Aires con el siguiente reparto:

Personajes

Papá	:	Manuel Bello
Mamá	:	Aída Alt
Luquitas	:	Hugo Dezillio
Nena	:	Marlene Anderson
Policía inglés	:	Guillermo D'Alessandro

Puesta en escena y dirección: Malena Lasala

En escena, sentado en el suelo de una habitación comple-
tamente vacía, aparece Papá. Es un viejo andrajoso y
anémico, vestido de oscuro. Tiene la cara blanca, ojeras
violetas, los ojos intensamente bordeados de rojo. Unas
mechas ralas y desparejas le tocan los hombros. Habla
con tono invariablemente tétrico, la mirada lúgubre per-
dida en el vacío.
Luz mortecina.

Papá: Estoy triste, estoy triste, ¡estoy tristeeeeee..!
   (Entra Mamá, es vieja, pero de aspecto animoso. Lleva
   un vestido claro, modelo Imperio, muy gastado. La falda,
   hasta los pies, oculta innumerables bolsillos)
Mamá: ¡Qué oscuridad! *(Con voz alta y jocosa)* ¿Everybody
   home?
Papá: Estoy yo.
Mamá (muy alegre): ¡Amor, qué inteligencia! ¡Me entendiste!
   (Lo besa) ¿Qué hacés aquí, en la oscuridad? *(Se enciende*
   la luz) ¿Qué te ocurre?
Papá (con un gran suspiro): ¡Estoy triste! La vida pasa y estoy
   acá, como tullido. No la alcanzo.

Mamá: No te desalentés. *(Lo mira)* A ver. No, no. ¡Muy buen aspecto todavía! ¡Pero qué greñas! Debieras peinarte un poco. *(Lo levanta como a un bebé.* A Papá le tiemblan *las piernas, se va aflojando hacia el suelo)* ¡Arriba! Vamos. *(Lo acomoda hasta que Papá se queda de pie, duro. En ocasiones, se afloja o Mamá piensa que va a hacerlo, y corre para sostenerlo o inicia el gesto)* Traje de comer.

Papá: ¿Qué trajiste?

Mamá: Carne. *(Con una sonrisa incitadora)* ¿Vuelta y vuelta?

Papá: No me gusta.

Mamá: ¿Leche?

Papá: No me gusta.

Mamá (lo contempla con pesar. Lleva la mano al cuello con un ademán indeciso): ¿Querés... un poco?

Papá (con leve esperanza): ¿Sí?

Mamá (desalentadora): Unos traguitos.

Papá (muy triste): Voy a morirme de hambre. *(Irritado)* ¿Por qué soy yo el que tiene que pensar siempre en la familia?

Mamá: Unos traguitos, dije.

Papá: Si empiezo, odio detenerme. No tomo nada. *(Se afloja)*

Mamá (lo sostiene): ¡Bueno, tomá lo que quieras! Se te debe haber achicado el estómago. Es mi única esperanza. *(Le ofrece el cuello)*

Papá (lo tantea): No. No me gusta. Está arrugado.

Mamá: ¡Qué pretensiones! A falta de pan, buenas son tortas, ¿no?

Papá (se sienta en el suelo): No. No quiero.

Mamá: Hay que comer, ¿no?

Papá: Los tiempos cambiaron.

Mamá: ¡Por eso mismo! No se puede ir contra la corriente. Mirame a mí.

Papá (la mira, aparta la vista): Mejor no.

Mamá: ¿Por qué?

Papá: Después te lo explico. ¿No me trajiste una revista?

Mamá (con tristeza): No.

Papá: Me distrae mirar a las chicas. Son todas bien formadas.

¡Qué cogotes!

Mamá: ¡Bueno, ánimo! Qué depresión. Contagiás a cualquiera. ¡Con todo el trabajo que tengo!

Papá: ¿Sí?

Mamá: Tender las camas, lavar la ropa, el baño... *(Papá lanza una risita cavernosa. Mamá, ofendida)* Ningún trabajo, ya lo sé. ¿Por qué me hacés acordar? Aguafiestas. ¡Chupasangre!

Papá (muy lastimado): ¡Qué cosas decís! ¿Te ofendí tanto?

Mamá: ¿Qué te parece? Burla va, burla viene. Por lo menos, yo trato de alentarme.

Papá: No hagás nada.

Mamá: Con todo lo que tengo que... *(se interrumpe)*

Papá: Sentate aquí, a mi lado.

Mamá (mira el suelo): Está sucio.

Papá: Apagá la luz. Me molesta.

Mamá (coqueta): ¿Cuáles son tus intenciones?

Papá: Estoy anémico.

Mamá (muy dispuesta): ¿Me saco el vestido?

Papá: ¿Para qué? Quiero charlar. ¿Luquitas?

Mamá: Salió.

Papá: Sale siempre.

Mamá (con alegría): ¡Por eso está gordo!

Papá: Ayer me arrastré hasta un potrero. Encontré a una chica.

Mamá (muy interesada): ¿Y?

Papá: Me dijo que se llamaba Caperucita Roja.

Mamá: ¡Qué gracioso!

Papá: No le veo la gracia.

Mamá (sardónica): ¿Tenía un cestito e iba a ver a la abuelita?

Papá: Sí.

Mamá (lo mira con asombro. Una pausa): ¿Qué le hiciste?

Papá: No le hice nada.

Mamá: ¡Ah, que idiota! Estás anémico. Tomá un poco de leche. *(Saca una botella de leche y un vaso de un bolsillo de su falda. Llena el vaso y se lo tiende. Papá mira la leche con repugnancia, se la acerca a la boca, pega un mordiscón al vaso. Mamá)* ¿Estás loco? ¡El vidrio no! ¡Hay que enseñarte todo! *(Lo limpia)* La derramaste. No me la regalan.

Papá: Me da asco.

Mamá: Estás acostumbrado a otra dieta. Es lo que pasa. Pero ahora, hasta los perros comen verdura.

Papá (nervioso): ¡No me va!

Mamá: Necesitamos unas sillas. Una cama con colchón. No aguanto dormir en el suelo. Soy vieja. Me levanto hecha una tabla.

Papá: Teníamos unos buenos cajones.

Mamá: ¡Ah, no, qué lúgubre!

Papá: ¿Lúgubre? ¡Brillaban! Eran de roble, con manijas.

Mamá: ¡No, no, basta de cementerios para mí!

Papá: Te has vuelto pretensiosa. Demasiado tarde. No puedo darte lujos.

Mamá: Sí, pero todos tienen camas. Todas mis amigas tienen camas. ¿Por qué no, nosotros?

Papá: ¡Porque estoy acostumbrado al cajón! De chiquito fue mi cuna, la noche nupcial... ¿te olvidaste?

Mamá: No me olvidé. ¡Pero ahora ni siquiera tenemos cajones! El suelo y basta.

Papá: Hacé lo que quieras. Yo no mando.

Mamá (muy tierna): ¿Te diste cuenta? *(Una pausa)* Ya las compré.

Papá: ¿Qué?

Mamá: ¡Las camas! Una cuna para Luquitas y dos camas gemelas para nosotros.

Papá: ¿Quién te dio la plata?

Mamá (dulcemente): Luquitas le rompió la cabeza a un muchacho. Le sacó la billetera. Lo teníamos en secreto. No te enojés.

Papá: No. *(Con tristeza inconmensurable)* Soy un cero a la izquierda. ¿Qué haré cuando haya camas aquí?

Mamá: Harás como todos. Te acostarás. *(Papá ríe con su risa cavernosa)* Podemos sacar tierra de las macetas y rellenar los colchones.

Voz de Luquitas (llama sigilosamente): ¡Mamá, papá! ¿Están durmiendo?

Mamá (contenta): ¡Es Luquitas! *(Abre la puerta)* ¡Luquitas, corazón! (Entra Luquitas, es altísimo y encorvado y está vestido de negro. Lleva una capa de raso, manchada y agujereada. Arrastra un gran canasto de mimbre. Abraza a Mamá, con un gran beso succionado en el cuello, luego se dirige hacia Papá y se arrodilla)*

Luquitas: Padre, ¿comiste? *(Papá niega con la cabeza. Luquitas, a Mamá)* ¿Hoy tampoco?

Mamá: Se encapricha.

Luquitas: Yo tomé un jugo de carne. ¿No te tienta? *(Por respuesta, Papá escupe desdeñosamente)* ¿Por qué estás enojado?

Papá: No estoy enojado. No puedo comer. Me arden las tripas.

Luquitas: A todos nos cuesta.

Mamá: No sé qué le pasa. Está raro.

Luquitas: Mirá qué traje, papá, para vos. Espero que te guste. Lo elegí bien.

Mamá: ¿Qué es?

(Luquitas abre el canasto, saca un gran paquete envuelto en papel madera y atado con piolín. Rompe el papel. Aparece la Nena, con trenzas, moñitos, zapatos escolares, etc., pero con una actitud desenvuelta de "cocotte" madura. Luquitas la sacude, la arregla)*

Papá (lúgubre): ¡Qué linda!

Luquitas (a la Nena): Hablá.

Nena: Buenos días.

Luquitas: Es de noche.

Nena (dócilmente): Buenas noches.

(Mamá extrae una silla tijera de uno de sus bolsillos, la abre y se la ofrece a la Nena)*

Luquitas: Sentate, Mariana. Se llama Mariana. ¿No es un bonito nombre?

Papá: Más o menos.

Mamá (amable): ¿Querés un vaso de leche? ¿Un caramelo?
*(La Nena se pasa la lengua por los labios en un gesto
obsceno. Mamá le sirve la leche, le tiende el vaso. La
Nena bebe. Mamá, amable)* Levantá la cabeza, por favor.
*(La Nena obedece. Mamá le observa el cuello. Admirada,
a Luquitas)* ¡Mirá qué yugular!
Luquitas (intrigado): ¿Es la yugular o la carótida?
Mamá: No sé. ¿Qué importa la ciencia? Mirá.
Luquitas (mira): Pronunciada.
Mamá (en éxtasis): Fresca. ¿Querés más leche? *(Le sirve otro
vaso)*
Nena (bebe y devuelve el vaso): ¿Ahora qué hacemos?
(Papá, Mamá y Luquitas se miran desconcertados)
Mamá (incómoda): ¿Querés un chiche?
Nena (lanza una risita obscena. A Luquitas): ¿Cuál? ¿Tenés
uno?
Mamá: Luquitas, jugá al ta-te-ti con ella.
Nena (insinuante): ¿Jugamos?
Luquitas: ¿Querés más leche?
Nena (lo mira obscena. Mamá le tiende otro vaso de leche):
¡Salga! ¡No estoy amamantando!
Luquitas: ¿Te gusta, papá?
Papá (mira tristemente): Sí... Es flaca.
Nena (ofendida): ¿Yo? *(Le arrima el trasero)* ¡Toque!
Luquitas: Está bien nutrida, papá. ¡Quieta, nena!
Mamá (alegre y nerviosa): ¿Y? ¿Hacemos un party?
Papá (a Luquitas): ¿Tuviste cuidado? ¿No te siguieron?
Luquitas: No. Además, la traje envuelta.
Nena: Me dejé secuestrar. ¡Qué infantil es!
Luquitas: Te hipnoticé.
Nena: Con esos ojos de huevo duro, ¿a quién vas a hipnotizar?
No me haga reir. *(Ríe)*
Luquitas: ¡Estudié hipnotismo con los mejores maestros!
Mamá: Luquitas, no discutas en presencia de tu padre.
Papá: Soy un cero a la izquierda. ¡Qué juventud!
Luquitas: Perdón, papá.

Papá (a Mamá): Traeme la dentadura postiza. *(Mamá la saca de un bolsillo, la coloca en un vaso que también saca de entre sus ropas. Tiende el vaso a Papá. Papá se coloca la dentadura, que le sobresale de la boca, especialmente los colmillos)* Acercate, nena.

Luquitas: No la asustés, papá.

Mamá: Esperá, voy a buscar una servilleta. *(Se aparta y revuelve entre sus innumerables bolsillos, como si fueran cajones. Finalmente, encuentra una servilleta y se la coloca a Papá sobre las rodillas)*

Papá: Gracias, amor. *(A la Nena)* ¿Me tenés miedo?

Nena: No. ¿Por qué?

Papá: Las niñas tienen miedo a los viejos.

Nena: Yo no soy una nena. Estoy disfrazada.

Papá: ¡Hacela callar!

Luquitas: Callate, nena. Papá está preocupado.

Nena: ¿Por qué? Pueden decírmelo. No me dará ninguna pena saberlo. No es mi papá.

Mamá (nerviosa): ¡Ay, qué encanto! *(Lanza una risa histérica que cesa bruscamente)*

Papá: Apagá la luz. *(A la Nena)* Acercate.

(La luz se apaga)

Luquitas: ¿Pongo música? *(Se oye una música lúgubre. Luquitas, solícito)* ¿Necesitás mi capa, papá?

Papá: ¡No! Callate. *(Intenta un soplido espeluznante. Enseguida, se oye un alarido tremendo. Papá)* ¿Quién gritó?

Luquitas: Yo, papá. Me asusté. Me vino un escalofrío.

Papá: ¡Callate! Si no, no puedo.

Mamá: Seguí, amor. Luquitas se va a quedar quieto.

Papá: ¿Dónde está la chica? ¡No la encuentro!

Luquitas: ¡Mariana, Mariana! ¡Se fue!

Mamá: ¡Qué maleducada!

Luquitas: Encendé, mamá.

(Se enciende la luz. La Nena está sentada tranquilamente en su lugar, limándose una uña)

Luquitas: ¡Qué susto nos diste!

Nena: ¿Por qué?

Mamá: ¿Pero ésta pregunta siempre? ¿Qué tiene?

Nena: Curiosidad, señora. Apague la luz.

Mamá (asombrada): ¿Querés que apague la luz?

Papá (tétrico): ¿Sabés lo que te espera? *(Extiende las manos temblorosamente hacia ella y la mira con fijeza, como si la hipnotizara)*

Nena: No sé. Espero que sea algo bonito.

Papá: ¡No puedo aguantarlo! Es una impertinente.

Luquitas: Calma, papá. El que ríe último, muerde mejor.

Papá: Sí, sí. *(Entusiasmado, intenta un aullido escalofriante, pero se atraganta en un acceso de tos)*

Mamá (le seca la cara con la servilleta): Limitate a lo esencial. No cometas excesos.

Papá: Sí, sí, me conocerás, nenita. Apagá la luz.

Luquitas: Apagá, mamá.

(Cesa la luz. En seguida, un alarido de Papá)

Papá (despavorido): ¡Enciendan! ¡Me toca! Es una harpía. *(Se enciende la luz. A Luquitas)* ¿Qué me trajiste? Atala.

(Mamá saca una soga de sus bolsillos, se la entrega a Luquitas, quien ata a la Nena. Ella se presta dócilmente, refregándose contra él)

Luquitas (a Papá): ¿La amordazo?

Papá: No. Dejala. Si gritan, me excito. Pero en el momento oportuno. No antes.

Mamá (con alegría): Gritan mucho al comienzo, después se desmayan. Cuando despiertan, muerden a los otros. ¡Es una seguidilla!

Papá (feroz): ¡Mirá qué dientes tengo, nenita!

Nena: Son postizos. *(Papá se toca los dientes, muy abatido)*

Luquitas (sombrío): Los míos, no. *(Se los muestra)*

Nena (los mira tranquilamente): Están mellados.

Luquitas: Sirven igual.

Nena: Hasta que no lo vea, no lo creo. *(Insinuante, ofrece un seno)* ¡Mordé! ¿Quién me da otro poco de leche? ¿No tienen otra cosa?

46

(Papá, Mamá y Luquitas se miran consternados)
Papá: ¡Esta va a terminar conmigo!
Luquitas: No, papá. *(A Mamá)* Dale otro vaso de leche. Que esté bien alimentada.
Mamá *(sirve otro vaso de leche, se lo entrega a Luquitas, quien lo acerca a la boca de la Nena. La Nena aprovecha para lamerle la mano, se la muerde. Luquitas grita y deja caer el vaso. Mamá):* ¿Qué hacés, hijo?
Luquitas: Me mordió.
Nena: Era un juego erótico. Este no sabe nada.
Papá *(mira a la nena, desorbitado):* Es horrible, es horrible...
Nena: ¡Tu abuela! Apaguen la luz. Me canso. Se van en preparativos. ¡Qué pesados!
(Mamá la mira y, como hipnotizada, tiende la mano al vacío y se apaga la luz. Un silencio)
Mamá: ¿Qué tal, papá? ¿Comés con apetito?
Papá: Todavía no empecé. *(Suspira)* Estoy nervioso...
Mamá *(tranquilizadora):* ¿Y por qué?
Papá: Se me despegan los colmillos... *(Fuerte ruido de dientes. Alguien lanza un gran bostezo)* ¿Quién bostezó?
Luquitas: Yo, papá. Perdón.
Papá: No puedo. ¡Así no puedo! ¡Necesito tranquilidad! ¡Váyanse!
Luquitas: Vamos, mamá.
Mamá *(apenada):* ¿Yo también?
Papá: No te ofendas. Pero me arruinan el clima.
Mamá: Está bien, comprendo.
Papá: Dame un beso. *(Se oye el ruido de un beso, muy succionado. Papá)* ¡Música! *(Suena la música lúgubre. Salen Luquitas y Mamá, arrastrando los pies. La música cesa y se oye un redoble de tambor, como anunciando un triple salto mortal. Cuando cesa, algo se cae. Un grito. Entran Luquitas y Mamá)*
Mamá *(muy contenta):* ¿Ya está? ¡Qué pronto! ¡No perdiste la rapidez! ¡Estás en forma!
Luquitas: ¿Cómo te sentís, papá? ¿Más animado?

Nena: ¿Por qué no encienden?

(Se enciende la luz. La Nena está sentada en el suelo, la silla volcada)

Mamá (mira a la Nena. Luego, a Papá): ¿Tomaste lo suficiente?

Papá (muy abatido): Nada.

Nena (a Papá, ofendida): Usted es un bestia.

Papá (muy abatido): Es verdad. Lo lamento.

(Luquitas endereza la silla, sienta a la Nena)

Nena: Me mordía el zapato. ¿Es un fetichista?

Luquitas: Dejá en paz a mi padre. Está desorientado. (La Nena ríe) Cuando te hipnotice...

Nena: ¡Huevo duro, huevo duro!

Papá: No puedo...

Mamá: ¡Un esfuerzo más, corazón!

Papá: No puedo...

Mamá: ¡No la desperdicien! Aprovechala vos, Luquitas.

Luquitas: ¡De ninguna manera! La traje para papá.

Papá: No me apetece...

Luquitas: ¿Pero por qué? Un esfuerzo, papi.

Papá: No, no tengo voluntad. Cométela vos, Luquitas.

Luquitas: ¿Sí? Es tan apetitosa y blanca...

Mamá: Aprovechá, Luquitas. Quién sabe cuando conseguís otra igual.

Nena: ¿Y? ¡Estoy esperando!

Luquitas: ¿Me permitís, papá?

Papá: Sí, que quede en la familia...

Luquitas: Descocada. Te dejaré sin sangre. (Abre la boca. Dócilmente, la Nena tiende el cuello. Luquitas se inclina, mira y se inmoviliza) Dame un poco de alcohol, mamá. Tiene el cuello sucio.

Mamá (le tiende una botella de alcohol y un algodón que saca de entre sus ropas. Luquitas le limpia el cuello a la Nena. Mamá, alcanzándole una servilleta): ¿Querés mantel?

Luquitas: No, mamá. ¡No hay invitados! (Se anuda la servilleta al cuello. Se acerca. Huele) ¡Cómo huele! Apesta.

Mamá: El olor se desvanece enseguida. *(Le tiende un alfiler)* Pinchala un poco. A ver si te inspirás.

Nena (grita antes de que Luquitas la toque): ¡Ay!

Luquitas (se detiene): Grita.

Mamá: Siempre gritaron. ¿Qué pretendés?

Papá (muy desanimado): ¡Este no conoce ni la tradición!

Mamá: ¿Qué ejemplo nos das, Luquitas? Somos viejos, pero no somos basura. Se retorcían, es natural.

Luquitas: Pero no gritaban, mamá.

Mamá: ¡Sí que gritaban!

Nena (muy tranquila): ¡Ay!

Luquitas: Me impresiona.

Mamá: Sé fuerte. ¡Valor!

Luquitas (angustiado, a la Nena): No me mirés.

Nena (empieza a reír alegremente)

Mamá: ¿De qué se ríe esta idiota?

Nena: De los policías ingleses.

Luquitas: Están lejos.

Nena: No. Dejé el camino sembrado de miguitas. Te llevarán preso. A todos. Les clavarán un fierro, acá.

Luquitas: ¡Ah, maldita! ¡La estrangulo! *(Se acerca con las manos tendidas)*

Mamá (se interpone): No, ¿qué vas a hacer? No cambiés de método.

Papá: Sí, hijo. No te ensuciés las manos.

Mamá: Bebétela de un trago. ¡Ah, Luquitas! Así hacías con los deberes. ¡No la terminabas nunca!

Luquitas (a la Nena, sin consistencia): ¡No te encontrarán... viva!

Papá: ¡Seca, seca! ¡Puro ollejo!

Nena (ríe): Incapaces.

  (Golpean)

Una voz: ¡Abran!

Luquitas: ¡No hay nadie!

Mamá: Luquitas, no digás estupideces. ¡Siempre el mismo! *(Muy amable)* ¿Quién es, nena?

Nena: Misterio.

Una voz: ¡Abran o volteamos la puerta!

Luquitas: ¡Mamá!

Mamá: ¡Justo ahora, que iban a traernos las camas! ¡Qué desgracia!

Papá: Estoy muy débil. Será la muerte... *(Tiende los brazos hacia Mamá)* ¡Levantame!

Luquitas: ¿Qué hago con el alfiler? *(Precipitadamente, Mamá le cruza las solapas y se las sujeta con el alfiler)*

Nena (feroz): ¡Con un fierro! Les clavarán un fierro. *(Libera una mano, se golpea el pecho)* ¡Acá!

(Los golpes arrecian, se abre la puerta violentamente y entran dos policías ingleses. Cruzadas sobre el pecho, al estilo de las bandas con municiones, llevan ristras de ajo. Uno de los policías sostiene un gran estuche, empuñándolo como si fuera una ametralladora)

Nena: Ahí están. ¿Encontraron las miguitas?

Policía inglés 1: Sí. ¡Muy inteligente, nena! *(Le acaricia paternalmente la cara, pero luego la caricia se extiende, obscena)* ¿Te desato?

Nena: Como guste, señor. Usted manda. *(La desata)*

Mamá: ¡Qué spuzza!

(Mamá, Papá y Luquitas se agitan, lanzando resoplidos como gatos escaldados)

Policía inglés 2: ¿Te hicieron algo, nena?

Nena: No, señor policía inglés. Lo intentaron. Son impotentes. *(Abre el canasto, hace una caída de ojos hacia los policías ingleses, se mete dentro del canasto y baja la tapa)*

Policía inglés 1 (observa a Papá y Mamá que se abrazan, muy amedrentados): ¡Qué desechos! ¿No comían?

Mamá (alza constantemente a Papá, que se cae hacia el suelo): Carne no. Somos vegetarianos, se lo aseguro. Este no pasa ni la leche.

Policía inglés 2 (los palpa como a animales): ¡Puro hueso! No asustan a nadie.

Mamá: ¿Verdad que no?

Policía inglés 2: Hace rato que fastidian, ¿eh? ¿De dónde sacaron tanta fama?

Mamá (gentil): ¿Nosotros?

Luquitas (muy angustiado): ¡Mamá!

Policía inglés 1 (acerca el ajo a la nariz de Mamá): ¿Qué te pasa? ¿No te gusta el ajo?

Mamá (siempre sosteniendo a Papá y dominando sus propias contorsiones. Con una sonrisa falsa): Sí, señor policía inglés. Pero un diente en la sopa. ¡Es un poco fuerte! ¡Lo eructo!

Luquitas: ¡No la torturen!

Policía inglés 2 (señalando un rincón): El chico que vaya para allá. No te va a pasar nada, nene.

Mamá: Obedece al señor, Luquitas. *(Luquitas obedece)* Ahora sáqueme el ajo.

Policía inglés 2: ¡Cómo no! ¡Quietos! ¡Dejen de agitarse!

Mamá: Quietos, sí. ¡Pero no puedo! *(Levanta a Papá, que se le cae)* ¡Hubieras tomado la leche! ¡Somos como todos! ¡Vamos a tener camas! ¡Luquitas! ¡Déjenme abrazar a mi hijo! ¡Es inocente!

(El policía inglés 2 saca un crucifijo del estuche, se lo presenta a Mamá y Papá que lanzan un grito espeluznante y quedan petrificados, todos retorcidos)

Luquitas: ¡Papá! ¡Mamá!

(El policía inglés 2 abandona el crucifijo sobre el canasto que empieza a agitarse, como si la Nena hubiera enloquecido adentro. Los dos avanzan hacia Luquitas)

Luquitas (retrocede): ¡No! ¡No!

(Los policías ingleses aprisionan a Luquitas. Uno de ellos le sujeta los brazos hacia atrás. El otro, de espaldas, se saca el casco, lentamente se acerca al cuello de Luquitas. Un alarido. Se oye el ruido de una gran succión. Luego se vuelve, respirando pesadamente. Luce unos enormes colmillos fuera de la boca y la sangre se le desparrama

51

*por la barbilla y gotea. Mira fijamente hacia adelante,
sonríe)*

Telón

Cuatro ejercicios para actrices

Cuatro ejercicios para actrices

1970

1
Un día especial
2
Si tengo suerte

Fue estrenada en 1980 en el
Teatro La Ribera de Rosario
con la actuación de Ilse Berti-
no y Ana Trevisone.

Puesta en escena y dirección: Teatro La Ribera

3
La que sigue
4
Oficina

1

Un día especial

Una mecedora y una silla.
Luisa está sentada en la mecedora, cabecea, hamacándose.
Entra Ana de la calle, tiene aspecto feliz.

Ana: Hola, mamá. ¿Todavía despierta? ¿No tenés sueño?
Luisa: No.
Ana: Son las dos de la mañana. Es tarde.
Luisa: Ya lo sé. Conozco la hora.
Ana (contenta): Vieja, ¿me estabas esperando?
Luisa (ofendida): ¿A vos?
Ana: Sí.
Luisa: Sos bastante grande para cuidarte. Hoy no tenía sueño.
   En una de esas, ni me acuesto.
Ana: ¡Pero si a las ocho te vas a dormir! Como las gallinas.
Luisa: Me levanto a las cinco. No como vos, que dormís hasta
   las doce.
Ana: Los domingos. Pero mañana es un día especial, ¿eh, vieja?

Luisa: Para mí no.

Ana: Para mí sí. Me levantaré temprano, pero no para ir a la oficina, ¿lo sabías?

Luisa: No me hace gracia.

Ana: ¿Qué no te hace gracia? Bromeaba. Me voy a dormir. *(Da unos pasos, se vuelve)* ¿Vos no? Ya llegué, ahora estás tranquila.

Luisa: ¡Y antes también! Me acuesto cuando quiero.

Ana (la mira divertida): Ya sé.

Luisa: Me voy a quedar aquí, pensando.

Ana (se sienta): Te hago compañía.

Luisa: ¿Qué te dio? Yo no necesito compañía de nadie.

Ana: Vieja, ¡qué mufa!

Luisa: ¡No me digás vieja! No soy tu abuela. Yo nunca le dije vieja a mi vie... a mi madre.

Ana (bromea): Eras fina. "Mamá", ¿no tenés sueño? *(Tierna)* ¿Charlamos?

Luisa: ¿A esta hora? ¿Estás loca? Tengo un sue...

Ana (ríe): ...sueño que me muero.

Luisa: Claro, si andás por ahí a cualquier hora. ¿Qué hacen ustedes con el tiempo?

Ana: Vivirlo. Vieja, es mi última noche en casa, con vos.

Luisa: Te casás...

Ana (asiente): Hum... *(tiende la mano para acariciarle la mejilla)*

Luisa (la aparta): Salí.

Ana: No seas arisca.

Luisa: ¡Ah, sí! Estás muy cariñosa hoy.

Ana: ¿Hoy solo? ¿Y por qué no?

Luisa: Si te casás, es asunto tuyo. No tengo nada que ver.

Ana (ríe): ¡Pero si a vos te gusta Juan!

Luisa: ¿Ese? Todos parecen buenos al principio. Después muestran la hilacha. ¡Si lo sabré! A tu padre le puse veinte años la silla bajo el cu...

Ana: Callate. Son épocas distintas. Y entonces no eras un ogro.

Luisa: ¿Soy un ogro?

Ana: ¿Quién dijo?

Luisa: No seas insolente.

Ana: Vieja, me gustaría...

Luisa: ¿Qué?

Ana: Que me abrazaras.

Luisa: ¿Yo? ¿Y por qué?

Ana: Y... ¿no sabés?

Luisa: Ja, ¿qué tengo que saber? Sólo sé que son las dos de la mañana. No trago las costumbres de ahora. Tanta libertad, a las dos, a las tres, no hay hora para nada. Entran y salen como hombres. ¡Así va el mundo! ¡Para la mierda!

Ana: Andate a dormir, vieja.

Luisa: ¿Qué? ¡Lo que faltaba! Me vas a mandar vos. Me quedo acá, ¡y no me acuesto! Te callás. ¡Te vas vos...! a dormir.

Ana: No quiero.

Luisa: ¿Qué hacés?

Ana: Te miro.

Luisa: No soy un cuadro.

Ana (cierra los ojos, no se sabe si por sueño o deliberadamente): Estoy cansada. Muerta...

Luisa (la mira, pierde su aire hosco, tiende la mano): Bebita... te casás... bebita...

Ana (abre los ojos instantáneamente, sonríe): ¿Qué hacías?

Luisa (aparta la mano): Tenés una pelusa en el pelo.

Ana: ¿Dónde? Mostrámela.

Luisa (busca en los cabellos de Ana): No sé. Se cayó. Estás llena de... pasto. ¿Dónde anduviste? Me parece que vos...

Ana: ¡Uf, terminala! *(Le pasa el brazo por los hombros)* ¿No te acordás cuando te casaste, vieja?

Luisa: ¿Sí me acuerdo? ¿Para qué? Mejor olvidarlo.

Ana: ¿Te fue mal? No digo después. Digo... antes... cuando estabas enamorada. ¿Cómo era el viejo de joven? ¿Buen mozo?

Luisa: ¿Cómo era? Ni me acuerdo.

Ana: ¿Cómo no vas a acordarte? Chamuyaban en el zaguán...

Luisa: ¿Qué te importa? Por suerte, se murió... joven. *(Se rehace)* ¿No sabés como era? Nervioso, amargado... Prepotente. La silla bajo el cu...

Ana: Sí, eso lo sé. Pero antes, cuando sólo vos lo conocías, la primera vez que lo viste y te gustó, ¿cómo era?

Luisa: ¿Cómo era? *(Piensa, se desarma)* Oh, pasó tan pronto el tiempo. Tan poco tiempo fuimos felices, tan poco tiempo felices...

Ana: Vieja...

Luisa: ¡Salí! ¿Qué te importa? No teníamos pajaritos en la cabeza, vamos a ver cuánto te dura a vos el entusiasmo.

Ana (tierna y segura): Toda la vida, vieja.

Luisa (ríe): ¡Sos una estúpida!

Ana: No.

Luisa: ¿No? *(La mira. Abre los brazos y la abraza fuertemente)* ¡Bebita! Tenés razón. La felicidad dura, ¡toda la vida!

2

Si tengo suerte

Dos sillas.
Entra Matilde, una mujer mayor, de aspecto firme y decidido. Guía a Graciela, quien la sigue lloriqueando mientras estruja un pañuelito. Graciela tiene aspecto atemorizado, aire muy simple. Calza zapatillas ordinarias. Durante toda la acción, a cada réplica dura de Matilde, Graciela intentará levantarse y Matilde la vuelve a sentar sin interrumpir el diálogo.

Matilde: Vení, pasá. No tengás miedo. Sentate.

Graciela (se sienta): Gracias, señora. *(Mira a su alrededor)* Esto es muy lindo. ¿Usted vive sola?

Matilde: Sí, mejor sola que mal acompañada. Como te pasa

a vos. *(Graciela llora. Matilde la mira, mueve la cabeza)* ¿Por qué te dejás pegar?

Graciela: No me dejo pegar. Se enoja y... pega.

Matilde: ¿En esta época? ¿Te imaginás que uno me ponga a mí las manos encima?

Graciela (la mira. Boba, pero con doble intención): No, no me imagino.

Matilde: ¡Lo deshago! ¡Qué canalla! ¿Dónde habrá visto? ¡Aprovecharse de una mujer! Yo, ¡yo lo mato!

Graciela: Usted es fuerte.

Matilde: ¿Fuerte? ¿Qué es eso? Uno se construye adentro como una casa. Pero, piba, vos tenés adentro un rancho que se viene abajo. *(Graciela llora, intenta levantarse. Matilde la hace sentar)* No llorés. Secate esas lágrimas. No seas flojona. ¿Por qué te pegó?

Graciela: Nada. Tiene esa costumbre.

Matilde: ¡Qué bien! ¿Y lo permitís?

Graciela: No, señora. Yo no permito nada. El, por su cuenta... ¡Pero no es malo! Había tomado unas copas. Jugó y perdió...

Matilde: ¡Lindo tipo!

Graciela: Usted es fuerte.

Matilde: ¡Y terminala con que soy fuerte! Yo te voy a enseñar ciertos principios, moral, querida. ¡Tiene que haber respeto entre hombre y mujer! Si no, ¡no hay matrimonio que aguante!

Graciela (tímida): No estamos casados.

Matilde (interesada): ¿No?

Graciela (modesta): Es nuevo.

Matilde: ¡Ah! ¡Pero vos cambiás uno todos los días! *(Graciela intenta levantarse)* Este es el segundo.

Graciela (modesta): El tercero. *(Piensa)* O cuarto... *(Ríe tontamente)* No me acuerdo...

Matilde: En ciertas cosas es mejor prestar atención, m'hijita. *(Extática)* ¡Qué abundancia! ¿De dónde sacás tantos hombres porque yo... *(Se recompone)* El tercero, o cuarto, ¡y

59

te pega! No cambiás para mejorar, ¿eh?

Graciela: Sí, señora. Es un pan de Dios.

Matilde: Si no fuera, te manda al hospital. Es hora de que aprendas.

Graciela: No puedo.

Matilde: Te enseño. Confiá en mí que yo, sobre hombres, sé todo. Decime, ¿cómo viene de la calle?

Graciela: Caminando.

Matilde: No. ¿Cariñoso, pesado?

Graciela: Pesado.

Matilde: Pesado, ¿cómo?

Graciela: Y... pesado, quiere desahogarse. No tenemos perro.

Matilde: Para patearlo.

Graciela (contenta): ¡Sí! ¿Cómo se dio cuenta? Y como yo estoy a mano... *(sonríe)*

Matilde: Se divierte.

Graciela: ¡No, no! Viene muy serio. Empieza pidiéndome el mate, y después rezonga, que está frío, o caliente, o...

Matilde: Y vos, ¿nada?

Graciela: No, yo nada. Yo cebo.

Matilde: Hasta que te lo tira por la cabeza.

Graciela (contenta): ¡Sí!, ¿cómo adivinó?

Matilde: ¡Mirá que sos pava! ¿Y después?

Graciela: Y después, se arrepiente. Quiere darme un beso y yo no quiero.

Matilde: ¿Por qué? ¿No te gusta?

Graciela: Sí, pero no con la yerba en la cabeza.

Matilde: Tenés razón. ¿Y qué pasa?

Graciela: Y... se pone furioso. Me dice... hembra desagradecida.

Matilde (muy asombrada): Hembra... desagradecida. ¿Y por qué?

Graciela: Porque cuando está de buen humor, me trae regalos.

Matilde: ¿Qué?

Graciela: Y... porquerías que ve por ahí. Pulseras que se rompen y... vestidos horribles. ¡Zapatillas!

60

Matilde: ¡Qué agradecida sos! No se equivoca.

Graciela: ¡Pero es que tiene un gusto!

Matilde: A caballo regalado, no se le miran los dientes. *(Graciela intenta levantarse)* ¿Y qué más? Después de la palabrita esa.

Graciela: Yo soy muy sincera, le digo lo que pienso: que me compra porquerías.

Matilde: Y te da un bife.

Graciela: Sí.

Matilde: Con toda el alma, te revienta la cara.

Graciela: No. Lo atajo con el codo. Pero la intención está. *(Llora)*

Matilde (la mira, menea la cabeza): ¡Qué juventud! Y decime, ¿después?

Graciela: ¿Qué voy a hacer después? Lloro.

Matilde: Y él se ablanda.

Graciela: Sí.

Matilde: ¡Bueno! Tiene buen corazón. ¿Te besa?

Graciela: Sí. Donde quiso pegarme. *(Se señala)* Me besa toda la mejilla. Se muerde los dedos.

Matilde (muy asombrada): ¿El? ¿Para qué?

Graciela: Como castigo.

Matilde (conquistada): Es tierno. *(Dulcemente)* ¿Y hacen las paces?

Graciela: No.

Matilde: ¿Por qué?

Graciela (muy desanimada): Porque quiere mate otra vez.

Matilde: ¿Y qué clase de mujer sos que no sabés cebar un mate?

Graciela: ¡Cebo lo mejor que puedo!

Matilde: Pero no podés mucho.

Graciela: ¡Pongo todo mi corazón, señora! *(Llora a raudales)*

Matilde: ¿Y para qué? ¿Para qué vas a poner todo tu corazón ahí? Pones la yerba en el mate y listo. ¡No hay que desperdiciar los sentimientos, querida! ¿Y después?

Graciela: Cebo.

Matilde: Se repite: te lo tira otra vez por la cabeza.

61

Graciela: No. Me tira la pava.

Matilde (satisfecha): Carácter tiene. ¿Y qué hacés?

Graciela: Lloro.

Matilde: ¡Qué falta de recursos! Y él, ¿cómo reacciona? ¿Te besa? ¿Donde te salpicó el agua caliente? ¿En cualquier lugar?

Graciela: Sí, pero no quiero. Entonces sale a la calle y me compra alguna porquería. ¡Nunca me trae nada lindo, un tapado de pieles, un auto! No, porquerías baratas. Me ilusiono, ¿y para qué? *(Llora)* ¡Mire cómo estoy vestida! ¡Un mamarracho!

Matilde (la mira): Sí, pero vale la intención. Si a mí me trataran así... *(suspira)*

Graciela: Usted lo haría... polvo.

Matilde (abstraída): Seguro. *(Bruscamente)* ¿Cuántos años tiene?

Graciela: Treinta y dos.

Matilde: Linda edad... Y no hay edad para el amor... *(suspira)* ¿Es mujeriego?

Graciela: No. No mira a ninguna mujer más que a mí.

Matilde (indignada): ¡Pero vos las ligaste todas! ¿Es un buen mozo? ¿O tiene algún defecto? ¿Tuerto? ¿Rengo?

Graciela: No, señora. Es apuesto. Delgado, alto, morocho...

Matilde (termina, incrédula): Y con ojos azules.

Graciela: Sí.

Matilde (no lo soporta): ¡Rajá! ¡Rajá de acá!

Graciela (llora y va hacia la puerta): ¡Yo sé que nadie me quiere!

Matilde (corre a buscarla): Perdoname. Quedate. ¿Por qué te ofendiste?

Graciela (mansa): Tiene mal genio, señora.

Matilde (tiernamente venenosa): Sí. ¡Pero no con vos, que sos una dulzura! Sentate. Descansá. *(La acaricia)* ¡Pobrecita! Yo te cuido, no te preocupés. A mí no me asusta nadie. Treinta y dos años. ¡Ay! ¡Aguantar a esa bestia! ¿Dónde estará ahora?

Graciela: En casa. Acostado.

Matilde: Mordiéndose los dedos, seguro. ¿Cómo le gusta el mate? ¿Dulce?

Graciela: No sé.

Matilde: ¡Oh, no sabe! ¡Es para matarla! Llevo uno dulce y uno amargo. Alto, morocho y de ojos azules. ¡Ah! *(Se dirige hacia la puerta)*

Graciela: ¿Adónde va, señora?

Matilde: Quedate aquí. Es tu casa. Descansá. ¡Deseame suerte!

Graciela (en las nubes): ¿Para qué, señora?

Matilde: Le cebo un mate.

Graciela: Tenga cuidado. Si no le gusta, se lo tira por la cabeza.

Matilde: Me agacho. Se lo devuelvo.

Graciela: ¿Usted se lo devuelve? ¡No se atreva!

Matilde: ¿Yo? ¡Qué sabrás! Le tiro el mate y la pava. Y después, para consolarlo, si tiene suerte, lo beso...

3

La que sigue

Una mesita y dos sillas. Sobre la mesa un mazo de barajas. Zoraida en escena. Va hacia la puerta, se asoma y grita hacia afuera:

Zoraida: ¡La que sigue! *(Entra Paulita, es una mujer mayor, de aspecto tímido e inseguro. Zoraida, muy profesional, le da la mano)* Pase, señora. Mucho gusto.

Paulita (tímida): El gusto es mío.

Zoraida (le entrega una tarjeta. Paulita mira la tarjeta, mira a Zoraida. No comprende. Zoraida profesional): Mis honorarios.

Paulita (mira la tarjeta, mira a Zoraida): Sin anteojos no veo.

(Fuerza la vista. Como si hubiera entendido) ¡Ah! *(Guarda la tarjeta en su cartera, la cierra. Sonríe, ingenua)*

Zoraida *(levemente incómoda):* Mis honorarios.

Paulita: ¡Ah! *(Abre la cartera busca y rebusca, saca un billete de mil, se lo tiende)*

Zoraida *(sonríe incómoda):* Diez.

Paulita: Diez, ¿qué?

Zoraida: Diez mil. Es lo que cobro.

Paulita: Después. Todavía no empezó la visita. Los tengo acá. Son suyos.

Zoraida: No. Ahora. Cobro mis honorarios por adelantado.

Paulita *(ríe):* Adivinás, pero te prevenís, ¿eh? Sos viva. Mirame, ¿tengo cara de estafadora?

Zoraida *(muy fina):* ¡No, no! Pero es la costumbre.

Paulita *(ingenua):* ¿De quién?

Zoraida: Pues mía, señora.

Paulita: ¡Señorita! ¿Cómo no adivinaste esto?

Zoraida: No me lo propuse. Mis hono-ra-rios. Por favor.

Paulita *(admirada):* ¡Qué tono de reina! *(Humilde)* ¿La ofendí?

Zoraida *(con una sonrisa crispada):* No.

Paulita: Porque a mí, qué quiere, la gente que se ofende en seguida, de nada, *(sonríe dulcemente)* me revienta. Somos casi humanos, ¿no? ¿Por qué tomarse las cosas tan a pecho?

Zoraida *(crispada):* Sí. *(Tiende la mano)*

Paulita *(abre la cartera):* No tengo cambio.

Zoraida: Le doy el vuelto.

Paulita: ¡No lo quiero!

Zoraida *(ablandada):* ¿No quiere el vuelto? ¡Bueno! Muy amable. *(Sigue con la mano tendida)* ¿Nos sentamos?

Paulita: Sí. *(Coloca el dinero sobre la mesa. Como Zoraida va a tomarlo, pone la mano encima)* ¡No, no! Dejalo acá. Después te lo doy. No se escapa.

Zoraida *(se sienta):* Señora, tengo mucha clientela. Digo, señorita.

Paulita: No haga escombro. Ya vi su clientela. ¿Y a mí, qué? No me impresiona. *(Se acerca a Zoraida y la observa*

críticamente, dando vueltas alrededor de su silla)
Zoraida (casi gritando): Señora, ¡señorita!, ¡siéntese! ¿Qué
mira?
Paulita: ¿Por qué está vestida así? No es nada vistosa. Mire.
(Abre la cartera, saca unas argollas doradas) Estos le
quedarían ni pintados. Se los vendo.
Zoraida (despavorida): No quiero.
Paulita: Y esta blusa. Parece de hospital. *(Insiste con los aros)*
¿No los quiere? Se los dejo baratos. *(Zoraida, crispada,
niega con la cabeza)* Tengo otros, con piedras. *(Busca,
saca otro par de aros)* Elegantísimos.
Zoraida (entre dientes): Siéntese, no perdamos tiempo.
Paulita: ¡Pero si no tengo apuro! No se preocupe. Ya dejé la
comida hecha. ¿Tampoco éstos le gustan? Lástima. *(Mira)*
Claro, tiene las orejas grandes. *(Impulsivamente, Zoraida
se lleva las manos a las orejas, se domina, las aparta.
Paulita, señalando la blusa)* De hospital. Horrible. Yo
esperaba verla vestida de otra manera, con una blusa
floreada, mangas anchas, lindo escote. Usted es muy triste
m' hijita. Nada coqueta.
Zoraida: Señora, ¡señorita!, se queda o se va.
Paulita: ¡Me quedo, me quedo! *(Se sienta. Muy contenta e
ingenua)* ¿Y?
Zoraida (mezcla las cartas, las extiende): Primero el pasado.
Paulita: No. No.
Zoraida: No, ¿qué?
Paulita: No me interesa el pasado. Lo conozco. No soy idiota.
No voy a pagar para que me adivinen lo que sé. *(Dulce-
mente)* Usted es la idiota.
Zoraida: ¡Señora! *(Se domina)* ¡Siempre se acostumbra a adi-
vinar el pasado!
Paulita: ¿Para qué?
Zoraida: Por... Es... una muestra de confianza... de poder.
Como una auscultación.
Paulita (salta ante la última palabra): ¿Qué?
Zoraida (renuncia): Está bien. Empiezo directamente. Usted

es una mujer robusta...

Paulita (feliz, la interrumpe): ¡Robustísima!

Zoraida (una mirada venenosa): No se enferma casi nunca.

Paulita: ¿Casi o nunca?

Zoraida: Casi nunca.

Paulita: No me gustan las dos palabras juntas. Es casi o es nunca. ¡Y es nunca! ¡Nunca! Una vez tuve juanetes. ¡Qué dolor! ¿Usted tuvo juanetes? ¿La operaron?

Zoraida (exámine): No...

Paulita: Yo le puedo mostrar. *(Se descalza)* El pie me quedó perfecto.

Zoraida: No, no. Perdone, hay mucha gente. *(Descontrolándose)* No puedo ver su pie, ni mi pie, ni el pie de una estatua. ¡Mire qué extraño! *(Ríe histérica)*

Paulita (se mira el pie, mira a Zoraida. Desanimada): No le muestro. *(Se reanima)* También me operé de una úlcera. Pero ni se nota. Puedo mostrarle la cicatriz. Es más interesante.

Zoraida: No, señora.

Paulita: Señorita.

Zoraida: Imagínese si voy a ver...

Paulita: ¡Qué indiferente! ¿Cómo va a entender a la gente, usted? ¡No le importa nada de nada!

Zoraida: ¡No necesito entenderla! ¡Yo adivino!

Paulita: ¡Qué va a adivinar! ¡No me haga reir!

Zoraida: ¿Y a qué viene la gente entonces? ¡Hay una multitud esperando! ¿No la vio?

Paulita (envidiosa): Sí, la vi. Algunas tienen suerte. Nadie lo diría. ¡Con esa cara! *(Cambia de tono)* ¿Cuánto gana? ¿Nunca la pescaron?

Zoraida: ¡Es legal!

Paulita (divertida): ¡Qué va a ser legal! Debe ganar mucho usted, ¿eh? ¿No necesita ayudante?

Zoraida: ¡No!

Paulita: Qué lástima. No tengo suerte. Ya le dije una. Que no tengo suerte. Le digo otra. *(Da vuelta una carta)* Para usted. *(Feliz)* Morirá joven. Es muy nerviosa.

Zoraida: ¿Yo? ¿Yo, nerviosa? ¡Ja, ja, ja! *(Grita desaforada)* ¡Usted!

Paulita (ríe apaciblemente): ¿Yo? Soy tranquila como un remanso, ¿se dice así? ¡Remanso! Le cuento que mi hijo me dice siempre... soy soltera, pero tuve un hijo, nadie lo supo, pasa por mi sobrino. ¡Es un muchacho..! Me dice siempre: tía, o mamá. Me llama mamá cuando estamos solos. Por las apariencias. Yo cuido las apariencias. No como usted.

Zoraida: ¿Yo, qué? ¿Cómo se permite? *(Se levanta)* ¡Salga de aquí! Tome, tome su plata. ¡Váyase!

Paulita: ¿Por qué? La plata es suya. Yo hablaba de su aspecto. No es atractivo. La comida entra por los ojos.

Zoraida: ¡Señora! *(rectifica)* ¡Señorita!

Paulita (ecuánime): No, no, señora. Estamos en confianza.

Zoraida (con un hilo de voz): Váyase.

Paulita: Me dice siempre: mamá o tía, ¡sos un remanso! Es una alhaja. ¡Bueno, trabajador! No porque sea mi sobrino. No me ciego. Permítame una pregunta.

Zoraida (se deja caer sobre la silla, exánime): Sí.

Paulita: ¿Lo hubiera adivinado? *(Zoraida la mira desorbitada)* ¿Lo del hijo? *(Zoraida, vencida, mueve negativamente la cabeza. Paulita ríe).* Usted sí que es nerviosa. ¿Soltera? *(Zoraida asiente, estúpida)* ¿Virgen? ¡Deje que yo lo adivine! *(La mira, saca su conclusión. Ríe)*

Zoraida: Es... asunto... mío.

Paulita: ¡Por supuesto! ¡Si no es pecado! Un tropezón cualquiera da en la vida. Y usted, ¿de qué se va a cuidar? Ya es crecidita. Déjeme, yo le adivino, *(aparta las cartas en un montón)* no, no, sin cartas, yo le adivino cuántos años tiene. ¿Treinta y seis? *(Zoraida asiente estupidizada. Paulita la mira)* Calza el 37, busto 94. Y medio. *(Zoraida se incorpora, mirándola horrorizada)* Y le digo en qué momento, en qué momento justo pasó. Un tropezón cualquiera da en la vida, pero usted tropezó muchas veces, m'hijita. No la educaron bien. *(Zoraida, sin apartar los ojos de Paulita, retrocede hacia la puerta)* Sí, la educaron bien, pero de poco sirvió.

Zoraida (la mira fascinada. Con un hilo de voz): ¿Por qué? ¿En qué momento... pasó?

Paulita (triunfal): ¡A los diez y seis! ¿Y más detalles? En un baldío lleno de abrojos. Papito, me voy al club. *(Menea la cabeza, tierna)* ¡Qué mentirosa!

Zoraida: No... no...

Paulita: ¡Sí, sí! Y después del baldío, vino un almacén. Con el almacenero. Después del almacenero, vino un dentista. Después del dentista... *(Zoraida pega un aullido y sale corriendo)* ¡Por fin! ¡Qué mujer dura!

(Guarda el dinero en la cartera, saca las argollas, se las coloca, se bate el pelo con la mano. Acercándose a la puerta, grita, exultante) ¡La que sigue!

4

Oficina

Una mesita con un cajón, una silla.
Actriz, como empleada de oficina y como Voz.
Las líneas del diálogo de la Voz serán dichas por la Actriz sin gestos, cortando su propia acción. La Voz pasa de un tono normal y cotidiano a otro sigiloso y como ahuecado.

Entra la Actriz, se sienta detrás de la mesita, se observa las uñas.

Voz (neutra): Vengo a pagar una cuenta.

Actriz (levanta la cabeza, mira a alguien de pie, enfrente de ella. Sonríe con simpatía): ¿Qué cuenta?

Voz: Esta.

Actriz (mira sobre el escritorio): Está vencida.

Voz: Quiero pagarla.

Actriz (se encoge de hombros. Blandamente): ¡Páguela!

Voz: En el banco dicen que está vencida.

Actriz: Sí, no la pagó en término.

Voz: ¿Qué hago?

Actriz (suspira): Tiene que pagarla.

Voz: En el banco me dijeron que viniera aquí.

Actriz (quejándose, coqueta): ¡Debo tener miel! Se ve que les caigo simpática. ¡Eso que no me conocen!

Voz: ¿Usted qué atiende?

Actriz: ¿Yo? Cuentas atrasadas.

Voz: ¿Entonces?

Actriz (mira sobre el escritorio): No. Esta clase no.

Voz: ¿Dónde voy?

Actriz: ¡Ah, no sé! ¡Qué pregunta! Primero tiene que pagarla.

Voz: ¿Dónde?

Actriz (ríe, muy comprensiva): En el banco.

Voz: En el banco me dijeron...

Actriz (termina): Que viniera acá. No les cuesta nada decir eso. Qué incompetentes.

Voz: ¿Qué hago?

Actriz: Vaya y páguela allá.

Voz (en un hilo): No quieren cobrarme.

Actriz: ¿No? ¡Qué extraño! ¡Qué mal anda todo! Uno pensaría que recibir dinero es lo más fácil. Y no. No quieren.

Voz (despavorida): ¿Por qué?

Actriz: Sus razones tendrán. No son locos. Cada billete tiene su familia, su cuenta, su ministerio. No puede ir a otro lado. ¿Comprende? Sería una confusión. *(Mira)* ¿Por qué se pone así? ¿Quiere un café?

Voz (débil y sigilosa): No. Quiero pagar mi cuenta.

Actriz: Páguela. ¡Ah, si todos fueran como usted! La gente quiere pagar, pero no paga. Dan excusas. Así como me ve, en este escritorio, ¡si habré escuchado historias! El otro día vino uno sin una pierna y sin un brazo, bizco, todo arruinado. Un desecho. Decía que no podía pagar, no quiso por nada. No pude convencerlo. Era pobre, usó esa palabra tan poco sutil. No tenía trabajo. ¿Y por qué? ¿Qué excusa se le ocurrió? ¡Adivine! ¡La mar de divertida! ¡Que era paralítico! *(Ríe francamente)* ¡Me reí dos días seguidos! ¡Paralítico! *(Ríe. Se interrumpe)* ¿Qué me mira?

Voz *(in extremis):* ¿Cuánto debo?

Actriz *(amable):* Cómo no. *(Jocosa)* ¡Está muy apurado usted! ¿Y por qué? La vida es corta. *(Mira sobre el escritorio)* Se atrasó mucho. Esto es lo que pasa con la gente, creen que el tiempo no corre. *(Calcula moviendo los labios, suma con los dedos, se descalza un pie, cuenta, asombrándose cada vez más del resultado exorbitante)* ¡Uuuuuuy!

Voz: ¿Cuánto?

Actriz *(terminante):* No. Hay un inciso allí. No me corresponde. Imposible confesar. *(Feliz)* Mejor para usted. Va a perder toda alegría. Vaya al banco.

Voz: ¿A qué?

Actriz *(marca claramente):* A que le digan dónde debe ir.

Voz: Acá me dijeron.

Actriz: Se equivocaron.

Voz: ¿Usted no sabe?

Actriz: Sí, pero no se lo puedo decir.

Voz: ¿Por qué?

Actriz: Yo sufro más que usted. No me pregunte nada. Si entrara en detalles... ¿se imagina? ¡Oh, no se ponga así! Siéntese. Charlemos.

Voz *(exánime):* No quiero charlar. Quiero pagar mi cuenta.

Actriz: ¡Ah, señor! Páguela.

Voz: ¿Dónde?

Actriz: En el banco. *(Muy suelta e inconsecuente)* Y si no es en el banco, será en otro lado. ¿Qué sé yo? ¡Hay tantos lugares! Por ahí es un banco, por ahí es acá, en un restaurante, en un archivo, ¡qué sé yo! Pero no se desanime. El mundo es un pañuelo. Con decirle que ayer encontré tres veces en la misma hora a una amiga de la infancia. Y hacía veinte años que no la veía. ¡Un pañuelo! Para mí, que del banco lo mandan de nuevo hacia acá. Tiene suerte. Ya conoce el camino.

Voz (grita): ¡Ac-ac-ac!

Actriz (suavemente): ¡Sssssss! No haga escándalo. Los chicos duermen.

Voz (despavorida): ¿Qué chicos?

Actriz (ofendida): Los míos, pues. ¿De qué se asombra? ¿No tengo aspecto de madre? Me casé joven. *(Abre el cajón, sonríe maternalmente hacia abajo, murmura ¡tch, tch, tch!, cierra. Luego levanta la cabeza, busca con la mirada, perpleja)* ¿Dónde se metió? *(Se inclina con medio cuerpo sobre el escritorio. Se queda inmóvil un momento y fija los ojos sobre el piso. Divertida)* ¿Qué le pasa? ¿Por qué se acostó? *(Observa con más atención. Muy asombrada y banal)* ¡Ah, qué rara es la gente! Morirse ahí sobre el piso. ¡Hay cada uno! ¡Después dicen que quieren pagar sus cuentas! *(Se sienta. Agraviada)* ¡Y parecía tan serio! ¡Cuánta mentira!

(Se observa las uñas, tranquilamente, feliz. Corta, mira al público. Abandona su papel y ríe, en franca complicidad)

Acuerdo para cambiar de casa

Acuerdo para cambiar de casa

1971

Personajes

Laura
Elvira
Aurora
Estela
Abuela
Director

En escena, Laura, Estela, Elvira, Aurora y la Abuela. Son internadas. Laura tiene en brazos un perro grande de género, muy sucio, con un solo ojo de vidrio y que pierde estopa por todos lados.
Como único mueble, hay un banco largo, de madera, sin respaldo. Durante toda la escena, se irán sentando aisladamente, buscando este respaldo con el movimiento de la espalda, hasta que el vacío les crea un desasosiego visible, momentáneo, que no comentan nunca.

Laura *(abraza al perro con ternura, como si fuera un bebé. Comprueba, natural):* ¡Mi perrito tiene una sarna!
Elvira *(se acerca, lo mira):* No sé cómo no te da asco. Pierde el pelo.
Laura: Pero no las mañas. *(Comprueba, natural, escarbándolo como si tuviera pulgas)* Tiene todas las mañas.
Elvira: ¡Ah! ¡A mí me da un asco! ¡Un asco loco!
Laura: ¡Se conoce que sos fina! Ves un perro y pretendés un leopardo. Por eso estás aquí. Un perro es un perro, con los pelos, las pulgas, las mañas.
Elvira: ¿Y la fidelidad? ¿Dónde dejás la fidelidad?

Laura (perpleja): ¡Ah! Yo no sé si me es fiel, se va por ahí, esconde huesos, se entretiene oliendo... No sé... *(Aparta el perro y lo observa a la distancia, con una gran duda. Luego, con tristeza, lo deposita sobre el banco. Mientras la acción continúa, ella mira al perro de vez en cuando, con ansiedad y pesar, hasta que Aurora lo arroja al suelo para sentarse, y entonces va y lo recoge, con el gesto de quien perdona a alguien por una trastada y vuelve a apretarlo contra ella)*

Elvira (a la Abuela): ¿Vino a verte tu hijo?

Abuela (levanta dos dedos en el aire, feliz): Hace dos meses. Me dijo: quedate un poco más. *(Piensa y agrega)* Mamita. Me va a construir una pieza en el fondo.

Elvira (incrédula): ¿Para vos?

Abuela: Toda para mí. Nunca tuve una pieza para mí sola. De chica, dormía con mi hermana, luego me casé, dormía con un hombre, eso era mejor, después se murió el viejo, no era viejo, dormí con los chicos, ahora, duermo con ustedes. ¡Qué seguidilla!

Elvira: Y entonces, ¿pára qué querés una pieza ahora? Ya estás acostumbrada.

Abuela: ¿Y cómo aguanto el cajón, decime? Es como una pieza para una sola.

Elvira: ¿Quién te dijo? ¡Nada que ver!

Abuela: Es una pieza chiquita, pero individual. Voy a estar muerta, y aparte, ¡voy a tener que acostumbrarme al cajón!

Elvira: Estás loca.

Abuela (indignada): ¡Más loca será tu abuela!

(Entra el Director. Es alto. Lleva un largo guardapolvo blanco que le roza los zapatos. Todo lo que dice es obviamente falso, salvo cuando se enoja).

Director (muy jovial): ¡Buenos días a todas!

Todas (se ponen firmes y cantan, como niñas de una escuela): ¡Buenos días, señor director!

Director: ¡Descansen! ¡Rompan filas!

Aurora (sorbe): Lo veo y me emociono. ¡Qué apuesto es!

Director: ¡Qué tierna! *(Estela escucha sombríamente, celosa, y se interpone entre el Director y Aurora. Ambos la apartan sin mirarla, como si fuera un poste)* ¡Corazón de oro!

Aurora (a las otras, muy satisfecha): ¿Vieron? *(Bruscamente, al Director)* ¿Lo puedo vender?

Director: ¡No digás pavadas! *(A las otras)* ¡Chicas, hay una novedad!

Todas: ¡Fiesta! ¡Fiesta!

Director: ¡No, calma! ¡No se alboroten! *(Inquieto, para sí)* Se me acabaron los calmantes. *(Transición)* ¡Vamos a cambiar de casa!

Todas: ¿Qué?

Director: ¡Nos mudamos!

Todas (muy desanimadas): ¡Ah!

Director: Tiran abajo esta mugre y levantan un casino. ¿No están contentas?

Elvira: ¿Y por qué no hacen otro manicomio?

Director: ¿Para qué? No sean contreras. Es feo. Ustedes no producen, chicas.

Elvira: ¡Yo produzco ideas!

Director (franco): ¡Sí! ¡Y te las metés en el...!

Elvira: ¡Cállese! No sea grosero. ¡Mis ideas vuelan! *(Señala)* Ahí hay una.

Director: Que vuelen en otro lado. Nos dan otra casa, más grande, más linda, más cómoda.

Laura (muy desanimada): La última vez que nos cambiaron de casa, perdimos todo, hasta las camisas de fuerza...

Director: ¡Fue un olvido! Esta vez vamos a tener una casa soberbia, un petit-hotel, un rascacielos, una estancia...

Elvira (perpleja, para sí): ¿En qué quedamos? ¡Qué confuso!

Abuela (terminante): No me interesa.

Director: ¿Cómo?

Abuela: Yo no me voy. Tengo mi banco... *(se sienta buscando el respaldo. Desasosiego)*

Director: Te compro otro.

Abuela: Sí. A éste le sobra viento. *(Se levanta)*

Director: Preparen todo. Nos vamos.

Abuela (terminante): Yo no me voy.

Director: ¿Cómo? ¿Por qué no te vas?

Abuela: Me cité aquí con mi hijo. Lo espero aquí.

Director: Le dejamos anotada la nueva dirección, ¿eh?

Abuela: No sabe viajar. Se pierde.

Director: Le dejo un guía.

Abuela: No quiere guías. Es orgulloso.

Director (colérico): ¡Quiero el acuerdo con todo el mundo, pero a mí no me van a fastidiar! ¡Te agarro en brazos y te llevo! ¡Listo!

Laura (muy dulce): ¡Ah, no, señor director! Si usted la agarra en brazos, nos ponemos celosas!

(Estela se acerca a Elvira y le murmura algo al oído)

Elvira (portavoz de Estela): Dice que ella tampoco se va.

Director (a Estela): ¡Callate, boba! *(A las otras, muy dulce y falso)* Chicas, allá van a tener ventanas con cortinas. *(Todas se miran, pesando la novedad. Un silencio)*

Aurora: Cortinas. ¿Y flores?

Director (una pausa): Sí. Flores.

Elvira: ¿Agua caliente?

Director: ¡Sí! Agua caliente.

Elvira (consulta a las otras con la mirada): ¿Qué les parece? ¡Está bien! *(Al Director)* ¿Y calefacción?

Director: Sí, calefacción. Con leños.

Laura (a las otras): ¡Con leños! *(Tímida)* ¿Podremos encenderlos nosotras?

Director: Ustedes saben que con el fuego... ¡Sí, podrán encenderlo ustedes!

Aurora (soñadora): Tendremos fósforos...

Director (termina, nervioso): ¡Fósforos y querosén a patadas!

Laura: ¡Todo! ¡Tendremos todo!

(Estela se acerca a Elvira. Decide que no le gusta. Entonces, eligiendo, se acerca a Aurora y le murmura algo al oído)

Aurora (portavoz de Estela): Y jardín. Estela quiere jardín.

78

Director: ¡Sí! Un jardín con... ¡mariposas!

Laura: ¡Chicas, tendremos de todo! Agua caliente, leños, fósforos, mariposas. Más no se le puede pedir. ¿Nos mudamos?

Abuela: Yo no me mudo.

Elvira: Quiere una pieza para ella sola.

Director: ¡Cómo no! Concedido.

Elvira: Este concede todo. *(A la Abuela)* Ya está, vieja. Te la da. Chiquita, ¿no? *(Al Director)* Por el cajón, etc.

Abuela (terminante): Si mi hijo viene, no me encuentra. Construyó la pieza, ¿para quién? Su mamita desapareció. No quiero disgustos. ¿Por qué no nos arregla la choza? ¡Cómprenos un inodoro!

Director: ¡Allá hay de todo, imbécil!

Laura: ¡Qué pesada! Mejor tener un perro. Por lo menos, no habla.

Elvira: Mirá, vieja, imaginate. Estás en el jardín, en una mecedora. *(Al Director)* ¿Puede tener una mecedora, no?

Director: ¡Sí, sí, dos!

Elvira: No, ¿para qué quiere dos? ¿Tiene dos culos?

Director (mecánicamente): ¡Sí, sí, tiene dos!

Elvira (a las otras): ¡Delira!

Laura: Seguí, no te fijés.

Elvira: Bueno, sigo. Estás en la mecedora. *(Señala a Estela)* Esta te trae flores. *(Estela murmura algo al oído de Aurora)*

Aurora (portavoz de Estela): Y mariposas.

Director (mansamente): Le doy una red.

Elvira: Está el sol. Y te hamacás, y está el sol. *(termina fatigada, impaciente y abruptamente)* y en un brazo tenés las flores y en el otro, la mariposa.

Abuela (conmovida): Sí, es muy lindo. *(Bruscamente, furiosa)* ¿Y cómo me voy a acostumbrar al cajón así, con tanta belleza?

Director (para sí, exasperado): Esta es como la gata Flora. *(Se sienta, buscando el respaldo con el movimiento. Desa-*

sosiego)

Laura (lo escucha): No se llama Flora. Se llama María.

Director (busca tanto el respaldo que cae por atrás. Se levanta, furioso): ¡Basta de charla! ¡Basta de explicaciones! ¡Nos vamos! *(Abre los brazos, intentando arrearlas hacia la salida)* ¡Fuera!

Elvira: ¡No nos ponga las manos encima! Respeto.

Aurora: (a Laura): ¡Sacudile el perro! ¡Llenalo de pulgas!

Laura (no se decide): ¿Mi perro?

Director (sonríe falsamente): ¡Pero no! ¡Quería abrazarlas! *(Estela se precipita y se le pone delante. La empuja groseramente)* ¡Vos caminá sola! ¡Salí! *(A las otras, con dulzura)* Vamos, chicas. Se hace tarde.

Elvira: ¿Tarde para qué? ¿Usted de qué la juega en esto?

Director: ¿Yo? ¡Yo voy con ustedes! *(Feliz)* ¡Y los sábados vengo al casino! Me hago banquero. ¡Pero sin ganar nada! Soy un asco, no tengo ambiciones.

Elvira: ¿Y por qué usa el delantal tan largo? Si no tuviera ambiciones, lo usaría corto.

Director (se mira, conteniéndose, se arremanga el guardapolvo con el cinturón): Sólo quiero cuidarlas. Siempre.

(Todas se miran, no muy satisfechas. Estela se acerca a Aurora y murmura algo en su oído)

Aurora (portavoz de Estela. Escéptica, tibiamente): Dice que es lindo.

Director (excitado): Crearemos un establecimiento modelo. Comerán todos los días.

Todas (muy admiradas): ¡Oh!

(Estela se acerca a Aurora y murmura algo en su oído)

Aurora (la mira con admiración): ¡Te avivaste! *(Al Director)* Dice que si en el jardín no se saca la bosta, no va a crecer nada. Mucha bosta quema las plantas.

Director: Lo arreglamos. ¡Vamos, muchachas! Para el que duerme, no amanece. ¡Casa nueva, vida nueva!

Elvira (con espíritu crítico): Se maneja con frases hechas.

Abuela (se sienta en el suelo): Yo no me voy.

Elvira: Me gusta su carácter. Pero yo dudo.

Director: Hacés bien. *(Recapacita)* No, no hacés bien. ¡Nos mudamos! Y de ésta me encargo yo. *(Avanza hacia la Abuela. Estela se apresura y se le coloca delante, no para defender a la Abuela sino para que el Director la acaricie. La aparta de un empujón)* ¡Viejas a mí! *(Estela se acerca a Aurora y le murmura algo al oído)*

Aurora (a Estela): ¿Te ofendiste? *(Estela asiente con la cabeza. Aurora, portavoz de Estela)* La empujó. *(Estela alza dos dedos)* Dos veces. Dice que no se va. Que esto está lleno de mariposas. No le importa el jardín. *(A Estela, resentida)* ¡Mujeres!

Director (con una risa histérica): ¡Yo las mato! *(Dulce, a las otras)* Vayan ustedes, chicas. Abran cancha. Yo me encargo de ellas. *(Se arremanga. Estela se oculta detrás de la Abuela, en el suelo, luego delante, muy asustada, pero atenta a que el Director la toque. Director histérico)* ¡Las odio! ¡Con las otras o me las como crudas!

Elvira: ¿Crudas? ¡Violencias, no! Se lo dije.

Laura: ¡Llamemos a la policía!

Elvira: Señor director, tranquilícese. Bájese las mangas. Tiene los brazos muy peludos. *(Se acerca a la Abuela, le toca la falda. Con satisfacción)* Me lo imaginaba *(A la Abuela)* ¿Quién va a cambiarte? *(Al Director)* Yo les hago compañía. La vieja se mea encima.

Laura: ¿Podré llevar a mi perro?

Director: ¡Sí!

Laura (obcecada): No. En las casas nuevas no quieren pulgas, no quieren sarna. Todo limpio y en orden. Quieren gente limpia. Y perros de raza. *(Estela y la Abuela se han incorporado, uniéndose a las otras. Se ponen en fila)*

Todas (como niñas educadas): ¡Buenos días, señor Director! Gracias por su visita. Y ahora, ¡váyase a la mierda!

Director: ¡Me voy! ¡Ya verán! *(Sale furioso)*

Todas (muy divertidas): ¡Cuéntenos cómo es! *(Ríen. Se sientan en el banco, espalda contra espalda, con sonrisas beatífi-*

cas. La Abuela se hamaca de pie, con la cara estirada al aire)

Elvira: ¿Qué tomás?

Abuela: Sol.

Elvira: ¿A quién querés convencer? Está nublado.

Abuela: Yo... decía... *(Vuelve la cabeza a su posición normal)* Ya me estaba quedando el cogote duro. Era para alentar-las.

Laura: Hubiéramos tenido una casa... con sol.

Estela: Y mariposas para... *(hace el gesto de arrancarles las alas)*

Aurora: Pero acá estamos juntas. Esto es seguro. Nos diverti-mos, ¿no? *(A Elvira)* Cuando vos llorás de noche, yo te escucho.

Elvira (ofendida): ¿Yo lloro? ¿Y por qué? ¿Me viste llorar de día?

Aurora: No.

Elvira: ¿Y entonces? ¿O creés que soy un bicho de día y otro de noche?

Aurora (mansamente): Entonces... lloraba yo.

Elvira (conforme): ¡Ah! Es otro asunto. Yo te escuchaba. Te secaba las lágrimas con la punta de mi vestido.

Aurora: ¿Sí? *(La besa)*

Laura: ¿Cuándo nos pondrán sábanas? ¿Saben una cosa? *(Con gran misterio)* Parece que las sábanas... *(hace un gesto como si se refiriera a personas. Todas la miran atentas. Bajando la voz)* Ya no vienen más blancas...

Estela (interrumpe): ¡Yo sabía un verso! "Amo la blancura que es una infinita..."

Elvira: ¡Callate, vos, con la poesía!

Aurora (admirada): ¡No! ¿Y cómo vienen?

Laura: No sé. A rayas. Rosas, celestes.

Aurora: ¡Qué lujo!

Abuela (muy asombrada): Ustedes hablan de cada tema...!

Laura: ¡Somos jóvenes!

Elvira (consulta su muñeca como si llevara reloj. A Estela):

El té. Es la hora.

(Estela se marcha diligente y reaparece en seguida con unos jarritos abollados, de lata, y unos pedazos de pan)

Aurora (desmayándose de la emoción): ¡Chicas, el té!

Elvira (despreciativa): ¡Esta se admira de todo! No creció.

Estela: ¡Five o'clock! *(Bebe. Lucha para clavarle los dientes al pan)* ¡Pero qué reventado! *(Consigue morderlo)* ¡Exquisito! Cada vez más crujiente.

Elvira: Comés visiones. Es pan de anteayer. A mí me viene bien porque tengo lombrices y se rompen los dientes. *(Alza el pan y lo deja caer al suelo. El pan cae como si fuera una piedra. Observa, contenta)* Rompió el piso. *(Lo recoge)* ¡Pobrecitas!

(Aparece el Director. Está alegre, exultante)

Todas (de pie): ¡Buenas tardes, señor director!

Director: ¡Buenas! ¡Siempre comiendo! ¿Qué tal el té? ¡Lo voy a probar! *(Intenta sacarle el jarrito a la Abuela, que es la que está más al alcance de su mano, y que se resiste tenazmente)*

Aurora: ¡Dejalo probar! *(Al Director)* Un traguito. *(La Abuela cede el jarro)*

Director (limpia cuidadosamente el borde, mira en su interior. La Abuela ha tirado su pan dentro del té para ablandarlo. Director, con asco): ¿Qué es esto?

Aurora: La abuela tiene los dientes flojos. Por eso hace esas porquerías. No se disguste.

Director (devuelve el jarrito): No. Tome, abuela. ¡Está muy bien! *(Le pega unos golpecitos en la cabeza. La Abuela permanece encantada debajo de la mano, como si fuera un perro. Topa al Director con la cabeza. Director, apartándola):* Chicas, ¿les gustaría ir a Córdoba?

Laura: ¿Adónde?

Director: A Córdoba, a la sierras.

Abuela: Yo no me muevo.

Director: Vamos y volvemos. Se oxigenan los pulmones, suben a una sierra, recogen un poco de peperina, volvemos.

Aurora: Sería lindo, ¿eh?

Laura: ¿Y mi perro?

Director: ¡Va también! Tiene derecho. Un poco de aire puro le haría maravillas. ¿Cómo está?

Laura (suavemente): Sarnoso. *(Le arranca la estopa)* Y pierde los intestinos.

Elvira: ¿Y la casa?

Director: ¿Qué casa? No quieren mudarse, no se mudan. Yo respeto las decisiones ajenas.

(Estela se acerca a Aurora y murmura algo en su oído)

Aurora (portavoz de Estela): Dice que usted es demasiado bueno. *(Desconfiada, a Estela)* ¿Creés?

Laura: Yo fui a Córdoba. Era recién casada.

Elvira: ¿Te gustó?

Laura (relamiéndose, pensando en otra cosa): ¡Sí!

Elvira (seca): Córdoba.

Laura: Había... *(piensa)* cabras.

Elvira: Sí, está lleno de cabras. Pero las cabras son malas para la agricultura. Se morfan todo.

Director: Bueno, el coche está en la puerta. ¿Vienen? Es una oportunidad única.

Aurora: ¿Qué hacemos?

Abuela: Yo no me voy.

Laura: ¡Sí, vieja! ¡Viene el perro! Le dejamos una nota a tu hijo.

Abuela: ¿Cuánto vamos a tardar?

Director: Dos días, un día. Llévense la ropita.

Abuela: No sé.

Elvira: Esto me huele mal.

Director: ¡Claro!, porque el aire es inmundo. ¡Pero allá..! Verán. Solamente respirarán oxígeno. Como los moribundos.

Elvira (para sí): ¿Por qué no busca otra comparación?

Aurora: ¡Vayamos, chicas! Quizás consigamos algo.

Elvira: ¿Algo de qué?

Aurora (vergonzosa): Novio.

Elvira: Esta tiene pajaritos en la cabeza.

Laura (a la Abuela): Le dejamos una nota a tu hijo. ¿Querés?

Abuela: ¡Sí! *(al Director)* ¿Volvemos enseguida?

Director: ¡Ufa! *(Sonríe)* Tardaremos... un día, medio día, dos horas, ida y vuelta.

Laura: ¿Quién sabe escribir? *(Al Director)* ¿Usted? *(El Director niega con la cabeza, avergonzado. Esconde las manos en la espalda)*

Elvira: Yo escribo. *(Aurora saca un papel arrugado del bolsillo y un lápiz. Se lo tiende. Elvira, mientras escribe)* Pibe, volvemos en seguida. Mamá. *(A la Abuela)* ¿Te parece bien?

Abuela: Mamá. Cariños.

Elvira (escribe): Cariños. Y besos.

Aurora: ¡Y un abrazo de mi parte! *(Elvira la mira, crítica. Acomoda el papel sobre el banco)*

Abuela (se mira las piernas): Hace mucho que no subo a una montaña. ¿Podré?

Elvira: No son montañas, son sierras. Más mochas.

Aurora: Hay ríos allá.

Director: Ríos, mares, océanos.

Aurora: No para bañarme. Pero me gusta meter los pies en el agua.

Laura: Yo fui una vez. Se ven las piedras bajo el agua.

Aurora: ¿Sí?

Laura: Si te ahogás, te ven entera. No precisan buzos.

Aurora: ¡Qué bárbaro!

Director: La conversación está interesante, pero es mejor apurarnos. Salir con el fresco. Vamos, chicas. Traigan la ropita. *(Salen todas, muy contentas, salvo Estela, que limpia su jarrito y se lo guarda en el bolsillo. Director)* ¿Y vos? ¿Vas a venir a Córdoba? *(Estela niega con la cabeza)* ¿Sos muda? *(Estela hace un gesto de incógnita. Bruscamente, saca su jarrito del bolsillo y se lo entrega al Director con un suspiro apasionado. Director)* Gracias, muy amable. ¡Precioso! Lo guardo de recuerdo. Esperame acá. *(Sale, tirando el jarrito por encima del hombro)*

(Vuelven todas, algunas maquilladas, trayendo sus tras-

tos. Son atados miserables. Laura trae, además, una cuna descuajeringada de mimbre con el perro adentro, y la Abuela una palangana de gran tamaño)

Elvira (a la Abuela): ¿Para qué traés eso?

Abuela: Para lavarme la ropa. Si llueve, recojo el agua de la lluvia y me lavo la cabeza.

Elvira: ¡Qué idea! ¿Me dejás el agua del enjuague?

Abuela: ¡Sí! ¡Igual no va a estar muy sucia!

Elvira: ¡Gracias! *(La besa)*

Laura: ¿Quedará para el perro?

Elvira: No. ¡Si lo lavás, se te muere!

Laura: ¡Perrito, perrito, seco, seco, vas a saltar por las piedras!

(Estela se acerca a Aurora y murmura algo en su oído)

Aurora: Dice que le tiró el jarro. *(A Estela)* ¿Por eso querés suicidarte? ¿Sos tonta?

Elvira: Agarralo. Es más fácil conquistar al Director que tener otro jarrito.

Laura (se acerca a Estela): Te dejo tocar el perro.

Aurora: Si consigo novio, me caso enseguida, hago fiesta y las invito. Ustedes vienen con los regalos y... *(se interrumpe)* ¡Chicas, el pullman!

(Entra el Director empujando un armazón de forma cúbica, completamente abierto, con piso sobre ruedas. En la parte superior tiene un cartel que dice: "Viaje turístico". Todas se atropellan para subir, alborotadas y felices. Forman como un racimo alrededor de uno de los barrotes verticales y mientras el Director empuja hacia la salida saludan sonriendo, agitando las manos).

Telón

Sólo un aspecto

Sólo un aspecto

1971

Fue estrenada en 1974 en la Sala de Extensión Universitaria de la Universidad de. Buenos Aires con el siguiente reparto:

Personajes

Titina	:	Betiana Blum
Javier	:	Luis Cordara
Rolo	:	Esteban Massari
Puesta en escena y dirección:		Arturo Hayatian

Una habitación con un armario, una mesa, tres sillas y una cama. No hay un adorno, nada que indique una preferencia particular o un gusto. Platos y botellas sobre la mesa que está cubierta, a modo de mantel, con varias hojas de papel de diario.
Una sola puerta, a la izquierda.
Titina y Javier han terminado de comer. Los dos son jóvenes, pero tienen aspecto de gran fatiga, ojeras oscuras en los rostros pálidos. El hombre renguea levemente de la pierna derecha.

Titina (recostada contra la silla, los brazos cruzados, canta):
Vamos, niña, vamos
por el rosedal
que la tarde empieza
y hay que caminar...
(Deja de cantar) Se acabó.
Javier: No. Empieza. *(Sigue)*
Y si no caminas
hacia dónde irás.
Titina (lo mira, sonríe): No era eso. No espero más.

Javier: ¡Ah! Yo tampoco. *(Se levanta y ajusta la puerta del armario)* Está floja.

Titina: Sí. *(Bruscamente)* Me gustaría que hubiera mucha gente en la playa.

Javier (vuelve, se sienta): ¿Para qué?

Titina: La gente tiene otro cuerpo.

Javier (no la atiende, mira la puerta del armario): Está floja.

Titina (sigue): Más oscuro, más... Antes debiera quemarme un poco, ¿no, Javier?

(Javier mira la puerta, se incorpora. Titina) Sentate. *(Javier se sienta. Se miran. Titina, bajo)* ¿Vendrá?

Javier: No sé.

Titina: Y sin embargo... otras noches, vino.

Javier: Será porque esta noche no lo esperamos, empezamos a comer.

Titina (ausente): Y nos divertíamos... Nos divertíamos.

Javier (seco): No.

Titina (lo mira): No. *(Una pausa. Con leve esperanza)* Quizás... no venga.

Javier: Juntá los platos.

Titina: ¿Y si ponemos la mesa otra vez? ¿Qué te parece?

Javier: No.

Titina: Se daría cuenta. *(Ríe)* No podría comer otra vez. Fue lindo comer solos. Comer mucho. *(Se incorpora y empieza a recoger los platos. Uno se le cae de las manos. Mira absorta los trozos rotos en el suelo. El también. Titina, sin moverse)* Qué desgracia.

Javier: ¿Qué pasó?

Titina (absorta): Tengo tanto sueño...

Javier (canturrea, feliz): Dormiremos, dormiremos...

Titina: Va a encontrar la casa hecha una porquería. Rezongará.

Javier: Hoy no importa. Festejábamos. *(Sin moverse)* Te ayudo.

Titina: Ayudame.

Javier (observa atentamente lo que hay sobre la mesa, luego, con un gesto brusco, aferra una botella por el cuello, son-ríe): ¡Te agarré! *(Mira a Titina)* Y ahora, ¿qué hago?

Titina: Creo que tenés que ponerla... *(bosteza)* allá.

Javier (se levanta trabajosamente, da un paso, deliberada-mente deja caer la botella. Miran. Ríen los dos. Javier): ¡Qué papanatas!

Titina: Mentira. Fue a propósito. *(Como si sugiriera algo extraordinario)* Javier, ¿nos vamos a dormir?

Javier: ¿Estás loca?

Titina: ¿Qué puede pasar? Si viene, lo escuchamos. Nos levan-tamos enseguida. ¿Qué puede pasar, Javier?

Javier: Se enoja.

Titina: No. Nos encontrará... más despejados. Se pondrá con-tento. Y si no se pone contento, mejor *(Ríe)*

Javier: ¿Creés? *(Abre el cajón de la mesa, mira en su interior. Lentamente)* No tendríamos que haber comido.

Titina: ¡Sí! ¡Cerrá ese cajón! *(Javier cierra el cajón. Irresisti-blemente, mira la puerta floja del armario. Titina)* Vamos a ir al mar, vamos a criar un gato. *(Lo sacude)* Decí: un gato.

Javier (la mira): Un gato... gris.

Titina: O marrón. *(Una pausa)* ¿Qué más?

Javier: Comeremos siempre solos. *(Titina espera. Entonces sigue)* Lo que nos guste. A las ocho de la noche.

Titina: ¡Muy bien! *(Ríe)* Y ahora, ¡nos vamos a dormir! Media hora.

Javier: No.

Titina: Siempre lo escuchamos. Golpea el portón, tropieza con los escalones. Vení.

(Javier pasa el brazo sobre los hombros de Titina y cami-nan juntos hacia la cama. Caen como fulminados. Javier con las piernas colgando hacia el piso. Silenciosamente, se abre la puerta y entra Rolo. Es un hombre joven, de aspecto fuerte y sereno. Lleva un traje oscuro, discreta-mente elegante)

Rolo (se detiene en el umbral y observa la habitación, la mesa con restos de comida): ¡Qué mugre! (Se acerca a la cama, levanta un brazo de Javier y lo deja caer) Agotados, muertos de sueño... ¿Para qué me molesté? *(Pasa la mano entre los muslos de Titina. Sonríe. Titina, en sueños, aparta la mano, cambia de posición. Rolo silba fuertemente. Espera un momento, luego con suavidad, tironea del cabello de Titina. Se aparta, encogiéndose de hombros. Bruscamente, levanta una silla y la arroja con estrépito. Titina se despierta de golpe, se sienta en la cama. Rolo, gentil)* ¿Los desperté?

Titina (sacude a Javier): Llegó.

Javier (despierta, disculpándose): Nos tiramos un rato...

Titina: ¡Sí, un ratito... Para desentumecernos.

Javier: Pensamos.. que no vendría. *(Mira hacia la puerta del armario)*

Rolo (amablemente):¿Por qué? Yo no fallo.

Titina (advierte la mirada de Javier, nerviosa): Estábamos molidos.

Rolo (amablemente): Claro *(Trae una silla y se sienta a horcajadas, abrazando el respaldo)*

Titina (esperanzada): ¿Charlamos así?

Rolo: No.

Titina: Anoche... duró mucho. ¡Javier! *(Javier aparta la mirada del armario, Titina, rápida)* Lo pasamos bien, eso sí, pero a la mañana la vida sigue y no podemos con el tren.

Rolo (natural): ¿Qué tren?

Titina (desconcertada): ¿Dije algo de un tren?

Rolo (sin demasiada seguridad): Sí.

Titina: Pero nada más, ¿no es cierto? *(A Javier)* Para nada mencioné el...

Javier (la interrumpe. Brevemente): ¡No dijiste nada! *(A Rolo)* Era una expresión. *(Se incorpora)* Levantate, Titina.

Rolo (con tristeza): No concretan nunca. ¡Y se acuestan!

Titina (apoya los pies en el suelo, pero no se levanta): Media hora. Para estar más despiertos. Ya ve, nos acostamos vestidos.

Rolo: No es demasiado tarde. Son las tres.

Titina: Linda hora. *(Bruscamente)* Una hora jodida.

Rolo (dulcemente): ¿Por qué? Justa.

Javier: Vení. Levantate, Titina.

(Titina obedece, se acomoda la ropa)

Rolo (se acerca a la mesa, observa todo con aire de repugnancia. Ve la botella en el suelo y la patea debajo de la mesa. Junta los pedazos del plato roto): Así no se puede trabajar. Es un chiquero. ¿Dónde está la basura? *(Titina lo libera del plato. Rolo la toca. Ella lo soporta, conteniéndose. Se aparta y deja los restos del plato sobre la mesa. Rolo la manosea, luego ríe, mira a Javier y le guiña un ojo)* Está flaca. *(Javier ríe con una risa ahogada).*

Titina: Javier.

(Javier cesa de reír. Rolo se sienta a la mesa, frente al cajón. Titina y Javier miran a Rolo, luego se miran entre ellos, incómodos)

Rolo: ¿Y? *(Bosteza)* ¡Me contagian! Empecemos.

Javier: No es su lugar.

Rolo (con fastidio): ¡Ah! *(Se sienta en otra silla. Javier y Titina cambian una mirada, incómodos)* ¿Y ahora? ¿Qué pasa? *(Como si repitieran una costumbre, Javier y Titina se sientan a la mesa, a ambos lados de Rolo)*

Titina: ¿Cómo es que está tan fresco a esta hora?

Rolo: Duermo de día. ¡Qué mugre!

Javier: Se nos fue la sirvienta.

Rolo: Sí, pero uno tiene dos brazos, ¿eh?

Javier (a Titina): ¿No te lo dije? ¡Se mufa! ¡Tenemos dos brazos!

Rolo: Cuatro, contando por pareja.

Titina: ¿Quiere comer algo? Preparo enseguida.

Rolo: No.

Javier: ¿Un poco de vino?

Rolo: No, gracias. *(Se recuesta contra el respaldo de la silla)* ¿Quién habla primero?

Titina (con una mueca desgraciada de alegría): ¡Yo!

Javier: ¡Siempre ellas! ¡Adelante!

93

Titina: Nací en Buenos Aires el 8 de diciembre de 1945.

(Rolo y Javier se miran. Javier, turbado, baja los ojos en seguida)

Rolo: ¿A quién interesa?

Titina: ¿Cómo a quién le interesa? Interesa siempre. Es el punto de partida.

Rolo: ¿Usted cree?

Titina: Y sí. Es importante. Si digo 1973, 1980, no es lo mismo.

Javier (ríe, incómodo): ¡Un problema! Sería recién nacida, no nata.

Rolo: ¿Y luego?

Titina: ¿Qué pasó luego? *(Ríe con malestar)* ¡No recuerdo nada!

Rolo: ¡Sí, sí! Piense.

Titina (se restriega las manos): ¡Qué horror! ¡No recuerdo nada!

Javier: Te casaste conmigo.

Titina (a Rolo): Me casé con él.

Rolo: ¿Y?

Titina (muy incómoda, manoseándose la ropa): Nos queríamos.

Rolo (pasivamente): Hechos.

Titina: Alquilamos esta casa. *(Mira a Javier, apoya la mano sobre su brazo. Con ternura)* Nos queríamos, ¿no, Javier?

Javier (retira el brazo. Intentando ayudarla): Sí. Pero, ¿qué hacías? Te preguntó qué hacías.

Titina: ¿Antes?

Javier (inseguro): Sí.

Rolo: Hoy no están inspirados. ¿Por qué durmieron? Un poco de consideración. ¿Qué soy? ¿Un cero a la izquierda?

Titina: ¡No, no!

Javier (con precipitación, a Titina): Fuiste al colegio.

Titina: ¡Ah, sí! *(Queda en silencio. Se estira la manga del vestido)*

Rolo (juega con un cubierto, indiferente): ¿Y? ¿Qué pasó? ¿Quiénes iban?

94

*Titina (sorprendida): ¿*Qué? *(Una pausa)* ¡Pasó tanto tiempo!

Javier (dulcemente): Contestale, Titina. Dejá la ropa.

Rolo (amable): Distiéndase. Ponga las manos sobre la mesa.

Titina: ¡Las pongo! *(Busca un lugar donde apoyar las manos. No encuentra un lugar libre, pero no aparta los platos. Apoya las muñecas en el borde de la mesa, las manos en el aire)* Es... cómodo...

Rolo (perdido): ¿Dónde estábamos? *(Imitando a Titina, se estira la ropa. Con fastidio)* Qué manía, ¿eh? ¡Me pierdo! ¿Dónde estábamos?

Javier: El colegio.

Rolo: ¿Y qué pregunté?

Javier: Si estudiaban.

Rolo (lo mira, ríe): ¡No! ¡Lo pesqué! ¡No estoy dormido!

Javier (triste): Contestale, Titina.

Titina: Queríamos ir de vacaciones a fin de año. Organizábamos bailes...

Rolo: ¿Quiénes iban?

(Silencio de Titina)

Javier (tratando de ayudarla): Había un muchacho alto... ¿Cómo se llamaba?

Titina: ¡Qué laguna! No recuerdo. Tenía quince años. *(Aparta las manos de la mesa y las coloca sobre la falda)* ¿Sabe? Estoy muy cansada.

Rolo: Es natural. Si no hablan...

Titina: ¡Pero hablamos todas las noches! ¿Qué vamos a decir?

Rolo: Cualquier cosa.

Titina: Que hacemos el amor.

Rolo: No sirve.

Titina: Entonces, no cualquier cosa.

Rolo: Solamente, lo que yo espero. Cualquier cosa dentro de lo que yo espero.

Titina: ¿Y cómo saberlo?

Rolo: Es fácil. Yo pregunto y dice sí.

Titina (inquieta, a Javier que se ha levantado): Javier, ¿por qué te levantaste? ¿Ya?

Javier (ríe): Sí. *(Se coloca detrás de la silla de Rolo)*
Rolo (sin volverse): Detrás, no. Ahí, sentado.
Javier: Sí. *(Mira a Titina. Ella lo mira a su vez)*
Rolo: Siéntese.
*Javier (bruscamente, se inclina sobre Rolo, que no efectúa el
 menor movimiento de resistencia, y le sujeta los brazos):*
 Vamos a cambiar. Estamos muy cansados.
Rolo (tranquilamente): Duerman.
Javier: No nos dejan.
Rolo (sin moverse): Suélteme. *(Javier no lo suelta)* Pronto se
 hartará de sujetarme los brazos. No me preocupo.
Javier: Titina.
 *(Titina se incorpora, se dirige al armario, abre la puerta.
 Se ven los estantes completamente vacíos, salvo un rollo
 de cuerda. Javier y Rolo siguen sus movimientos, uno
 tenso, el otro quieto, casi apático. Titina le alcanza la
 cuerda a Javier. Atan a Rolo entre los dos)*
Rolo (tranquilamente): ¿Han visto? Ni me moví. No tengo
 miedo. Solos me sacarán las sogas, me frotarán los brazos,
 tratarán de que olvide. No son prudentes.
Titina: Javier, me mira.
Javier: No la mirés.
Rolo (sonríe): Es una lástima. Estábamos bien, nos entendía-
 mos, a pesar de las fallas. Les cuesta precisar hechos,
 concentrarse.
Titina: Vamos a hablar. Ahora.
Rolo: Escucho. Pero desátenme. "Ahora".
Titina (señalando a Javier): Me casé con él. Nos queríamos.
Javier: Yo tenía 22 años. Caminaba derecho.
Titina: Era muy tímido.
Rolo: Interesantísimo. *(Ríe)* ¡No tienen ni idea! ¡Qué fracasos!
 *(Titina y Javier se sientan, lo miran intensamente. Javier
 empieza a frotarse la pierna derecha. Rolo)* ¿Qué tal? ¿Se
 soldaron los huesos? ¿Y la otra? ¿Bien dispuesta?
Titina (lentamente, sin dejar de mirarlo): No me gusta lo que
 dice, Javier.

Javier: Bromea.

Rolo: Las muletas ayudan. Digo, en caso de que se rompa la otra. *(Sin dejar de mirarlo, Javier abre el cajón de la mesa. Observa en su interior. Titina se lleva la mano a la boca. Luego, lentamente, aparta la mano y sonríe. Rolo, a Javier)* ¿Qué buscás? ¿Algo para darte ánimos? Búsqueda inútil.

Javier: No. *(Del interior del cajón, saca un rollo de vendas)*

Rolo: Son más idiotas de lo que creía.

Titina: Sí, siempre somos más de lo que parecemos. *(Señala a Javier)* Este no es tan pobre tipo como parece. *(Entre ambos, vendan la cabeza de Rolo con cuidado, casi amorosamente. Le cubren los ojos)*

Javier (feliz): Somos idiotas, pero hábiles.

Rolo (casi para sí): ¡Ay, qué lástima! Se pasan...

Titina: Tiene una herida acá, sobre la ceja, la cabeza partida, ¡un lóbulo deshecho! ¡Hay sangre por todos lados!

Javier: Seca.

Titina: Seca. ¿O es mugre?

Rolo: No deberían hacerlo. Es triste que hagan esto. Todo hubiera terminado bien, pronto hubieran podido ir al mar, tener un gato... Ahora, con esto... Están listos.

(Titina y Javier lo observan a distancia. Sonríen)

Titina (a Javier): Traé una luz.

Javier: No ve.

Titina: Es lindo efecto. *(Javier trae una luz y la centra sobre Rolo. Miran. Titina)* No me gusta. El convidado de piedra.

Javier: Apartemos la silla. *(Corren la silla de Rolo. Centran de nuevo la luz sobre él)*

Titina (dulcemente): Preguntemos nosotros.

Javier: Sí. *(A Rolo)* ¿Qué querés? *(Toca a Rolo con el pie)* A vos te pregunto. ¿Qué querés?

(Silencio de Rolo)

Titina (con suave admiración): ¡Se calla!

Rolo: El método es callarse hasta el primer golpe.

Titina (ríe): ¡Tiene razón! ¡Qué inexperiencia! *(Una pausa)*

97

Pegale, Javier.

Rolo (serenamente): Pero no todos pueden aplicarlo.

Titina: Nosotros sí. Pegale, Javier.

Javier: ¿Yo? *(Rolo ríe. Javier se acerca y, torpemente, le pega un puntapié con la pierna derecha)* ¿Qué querés?

Rolo: Estás pegando con la pierna renga. No sirve. Le falta fuerza.

Javier (tocado, le pega con la pierna izquierda, pero también torpemente): ¿Qué querés?

Rolo: No hay caso. El aprendizaje va a ser largo. Son dos inútiles. Suéltenme.

Javier (lo sacude, le grita cerca de la cara): Contestá, ¿qué querés?

Rolo (furioso, entre dientes): Que me suelten. Que-me-suelten.

Javier (saca una caja de fósforos del bolsillo, enciende uno): ¡Mirá, Titina!

Titina: ¿Qué? ¡No juegues con los fósforos! *(Ríe)* ¡Podés quemar a alguien!

Javier: ¿Quién tiene cigarrillos?

Rolo: Están equivocados. No pasen la raya.

Titina: ¿Por qué? ¡Jugamos a la rayuela?

Rolo: Imbécil. Del otro lado, no hay salvación.

Javier: Vamos a salvarlo, Titina. *(El fósforo se le quema entre los dedos, lo arroja. Enciende otro)* ¿Y los cigarrillos?

Rolo (estalla): ¡Sáquenme esta porquería de la cabeza!

Javier: ¡Pero es mullida! Te pego y te protege de los golpes. *(Le pega torpemente)*

Titina: ¡Qué mal pegás, Javier! No sabés.

Javier: Estoy frío.

Titina: Un poco de memoria. Solamente, un poco de memoria.

Javier: Veremos. *(Cierra los ojos, riendo con la boca cerrada. Los abre)* Ya está. *(Mueve el brazo como tomando impulso para pegar a Rolo. Lo deja caer)* Me cuesta.

Rolo: Más te va a costar después. Con las dos patitas rotas.

Javier: ¿Quién lo cuenta? Cuando uno se pone pantalones

largos, traje de novio, lo cuenta, todos los ven, pero, ¿quién cuenta esto? *(Le toca el vendaje)* Cuando uno tiene la cabeza así, ya no lo cuenta.

Titina (dulcemente): Sucede en otro mundo. No lo ve nadie.

Rolo: No pasen la raya. Suéltenme.

Titina: Javier, yo quiero que hable.

Rolo: Estoy hablando. ¿Dónde estás?

Titina: Aquí.

Rolo (gira la cabeza hacia la voz): Serenamente, sin miedo. Ni se me ocurriría asustarme.

Titina: Te falta imaginación. *(Vacila)* Yo.... ya tengo miedo por lo que pueda ocurrirte. Te miro y te veo muerto. Yo también me veo...

Rolo: Con la cabeza rota.

Javier: No, Titina. Moriremos de viejos. *(Se arrodilla junto a Rolo)* ¿Por qué no te asustás?

Rolo: No estoy solo.

Javier (le pesa lo que escucha. Se incorpora, ríe): ¿Qué dice? ¡Qué confusión deliciosa!

Titina: ¿Y nosotros?

Rolo: Ahí está el error. Están solos y no tienen la fuerza. Si fueran perspicaces, se asustarían.

Titina (trata de no escucharlo, a Javier): No así. Quiero que hable.

Javier: Hablá.

Rolo: Esto parece en serio. *(Ríe)* ¡Qué mosquitas muertas! Bueno, ¿es en serio?

Javier: No. *(Una pausa. Se sienta sobre la cama, agotado)* Creo que no es... en serio. Jugábamos. Desatalo, Titina.

Titina (se acerca a él): Nos queríamos. De noche, nos acostábamos juntos. ¿Cómo explicarle esta felicidad? No va a creernos.

Javier: No.

Titina: Yo tenía unas plantas. Las miraba crecer. Leíamos el diario, pensábamos pequeñas cosas, inútiles, y no va a creernos.

Rolo: ¡Sí, creo todo! A pie juntillas. Déjense de estupideces.

Titina: Nunca contó nada. ¿Con qué humor se levanta? ¿Con qué pie? ¿El derecho, el izquierdo? ¡No lo sabemos, Javier! Vení. Quiero que hable.

Rolo: Yo sé hablar. Desátenme.

Javier: ¿Y olvidás todo?

Rolo: Completamente.

Titina: ¿Prometido?

Rolo: Sí.

Titina: ¡Juralo!

Rolo (conteniéndose): ¡Te lo juro! Yo les mostraré cómo se habla. Soy experto.

Titina (juega a acceder): Y bueno, entonces... *(Después de un silencio)* No. Me gusta tu facha así, tan blanca, lisa. Ganás. Tenías expresión de oler basura. En cambio, así, parecés tan conforme...

Rolo: ¡Y estoy conforme! Olvido todo. Hicieron su experiencia. Basta.

Titina: ¡Pero nos interesa el estilo! "Tu" estilo. ¿Dónde habrá unas hojas, Javier? Quiero anotar todo. Somos burros. No nos sirve la experiencia. Nos protegemos mal: olvidamos. *(Se sienta, pegando sus rodillas a las rodillas de Rolo)*

Javier: El tenía una libreta, Titina.

Rolo: ¡No tengo nada!

Titina (le revisa los bolsillos): Prestámela, no seas tacaño. *(Encuentra algo, sonríe)* ¡Ah! ¡Linda libreta! ¡Picarón! *(Le palmea el bolsillo)* Pero no la usaremos. *(Se toca la sien)* Que quede todo acá, Javier. ¿Será posible?

Javier: Lo intentaremos.

Titina (toca la rodilla de Rolo): ¿Y?

Rolo (duro): La técnica consiste en ser concretos, mostrarse bien dispuestos...

Javier (suavemente): Cagados de miedo.

Rolo (furioso): ¡Sí, cagados de miedo! Eso se huele y agrada. Buen material, se dice uno, arremangándose.

Titina (con leve admiración): ¡Ah, se arremangan!

100

Rolo (furioso): ¡Y yo me desnudaré para romperles la jeta!

Titina (tranquila): Ya. *(Un silencio)* Esperamos.

Rolo: ¿Qué?

Titina (con un gesto, le pide los fósforos a Javier. Enciende un fósforo junto al oído de Rolo. Lo deja consumir cerca de la mano de Rolo, sin quemarlo. Arroja el fósforo. Le toca la mano): ¿Te chamusqué los pelos? *(Dulcemente)* Tiene manos de no hacer nada.

Rolo: Cuidado, señora.

Titina: Señora, ¡qué lindo! Está indefenso, ¿de qué voy a tener cuidado? *(A Javier)* Quiero que hable.

Javier: ¡Hablá!

Rolo: ¿Qué quieren que...?

Javier (le pega un puntapié): ¡Hablá!

Rolo: ¡Hijos de puta!

Javier: No contés tu vida. ¡Hablá! ¿Cuándo naciste?

Rolo: Nací en...

Javier: ¡No me importa! ¿Qué cuernos me importa cuándo naciste? ¡Hablá! ¿Cuándo naciste? *(Lo patea con más fuerza)*

Titina (aplaude): ¡Muy bien, Javier! ¡Muy bien!

Rolo: ¿Qué tengo que decir?

Javier: Sí.

Rolo: Sí.

    (Titina y Javier ríen)

Titina: ¡Qué ignorante! Sí, ¿a qué?

Rolo: No sé.

Titina: ¡A todo, idiota!

Rolo: Sí, a todo.

Titina (repite, subrayando): A todo, idiota.

Rolo: A todo, idiota.

Titina (divertida): ¡Insulta! También él es imprudente.

Javier: ¿Por qué no te contás algo?

Rolo: ¿Qué?

Javier: ¡Qué sé yo! Cualquier cosa. Para pasar el tiempo.

Rolo: De chico, jugaba a la pelota.

Titina: ¿Sí? ¡Qué bien!

Javier: No. No sirve. ¿Sos casado?

Rolo: ¡Sí! Tengo cuatro chicos.

Titina: ¿Quién te preguntó de los chicos? ¡Hablá!

Rolo: Trabajo...

Javier: ¡Cruz diablo! Tu trabajo lo conocemos. Vida privada.

Titina: ¿Feliz en tu matrimonio?

Rolo: ¡Sí!

Javier: ¡Entre dientes, no! ¡Se contesta sonriendo!

Titina: ¿Feliz?

Rolo (lanza como un ladrido): ¡Je! ¡Sí!

Titina (con tristeza): No. No es feliz. Parece una hiena. *(Repite con aire bobo)*¡Soy feliz en mi matrimonio! ¡Tan feliz que me da asco! *(Una pausa)* Repetilo *(Silencio de Rolo. Titina saca un fósforo de la caja)* No quiere...

Javier: No sabemos dónde vive. ¡Qué omisión! ¿Cómo avisamos a su familia? ¡La inquietud de la mujer, de los chicos! ¿Dónde vivís?

Rolo: En la calle...

Javier (lo interrumpe): ¡No, no, nada de calles! No vueles. ¡Precisá!

Rolo: ¡Vivo en la calle..! *(Titina ha encendido un fósforo y se lo acerca a la mano. Apenas si lo toca cuando Rolo lanza un alarido. Titina aplasta el fósforo contra el suelo)*

Titina: Grita. Quiero que hable, Javier. ¡hacé que hable!

Rolo: ¡Suéltenme!

Javier: ¿Por qué no soltarlo, Titina?

Titina: Porque me gusta así, como si fuera bueno. *(Le acaricia el vendaje)* Podría besarlo. *(A Rolo)* Aflojate. Puedo abrazarlo. *(Se le sienta sobre las rodillas. Después de un momento, a Javier)* ¡Ah, no! ¡No me abraza! *(A Rolo)* ¿Por qué, querido?

Javier: Está muy tenso. Así no conseguiremos nada. Ensayemos con la bondad.

Titina: ¿Y qué es esto? *(Reclina la cabeza sobre el hombro de Rolo)* Pasame los brazos sobre los hombros *(Espera. Sor-*

102

prendida) No. ¡No me los pasa! Acariciame el pelo. ¿Soy fea? Está limpio. Andá, tocame.

Javier: ¡Titina!

Titina: Es para probar. No seas celoso. *(Salta de las rodillas de Rolo)* ¡Ay, me escupió!

Javier: ¡Chancho!

Titina: Si te soltamos, ¿me abrazás?

Rolo: Te estrangulo.

Titina: Probemos, Javier.

Javier: ¿A estrangularlo?

Titina (asiente con un movimiento de cabeza): Ver qué pasa, cuando esté muerto. *(Pone la mano sobre la boca de Rolo para impedirle hablar)* Digo, cuando esté suelto. *(Aparta la mano)*

Javier: Se aflojará. Seremos amigos, compañeros. Te va a dar un besito... en la frente. *(Mira a Titina con una sonrisa de advertencia. Ella introduce la mano en el bolsillo de Rolo, que revisó antes, y extrae un par de esposas. Se las coloca. Luego lo desatan)* Portate bien.

Rolo: Es una lástima.

Javier: Lo sabemos. *(Le sacude la silla)*

Titina (a Rolo): ¿Y? ¿Qué hacés ahí, parado? Estirá las piernas.

Rolo: Perdieron el juicio, chicos.

Titina: ¿Y para qué queremos el juicio? ¿Para qué sirve?

Javier (empuja a Rolo): Movete. *(Colocan las sillas a distancia, de frente a Rolo. Se sientan cómodamente, lo miran. Rolo avanza unos pasos, se detiene bruscamente ante un ruido cualquiera que hace Javier, vuelve la cabeza)*

Titina: ¿De qué tenés miedo? Este movió los pies. ¡Caminá!

Rolo: ¡Sáquenme esto! *(Se lleva las manos esposadas a la cara e intenta sacarse el vendaje)*

Javier (le aparta las manos): No, portate bien. Si no, no vale. *(Le pone la botella vacía junto a los pies)*

Rolo (tantea cautelosamente con el pie, luego la patea con fuerza. Titina y Javier ríen, se divierten. Rolo): ¿Dónde están?

103

Javier: Aquí, te miramos.

Titina: La puerta está a tu izquierda. Te podés ir. *(Rolo permanece inmóvil un momento, luego, cautamente, se vuelve hacia su izquierda. Titina, moviéndose rápida, sigilosamente, se acerca y le saca del bolsillo un atado de cigarrillos)* ¿Te vas o no te vas? *(Rolo da unos pasos hacia la puerta. Titina enciende un cigarrillo. Al chasquido del fósforo, Rolo se vuelve bruscamente. Titina)* ¡Qué sensible! Encendí un cigarrillo. Para vos. Yo no fumo. No miento. Mirá. *(Le coloca el cigarrillo en la boca. Rolo lo escupe)*

Javier: No te pasés, viejo. No seas maleducado.

Titina: Caminá. *(Lo empuja)* Parece un poste. ¡Qué desconfiado! No se quiere ir, no fuma, ¿qué quiere? Dame el brazo. Vamos de paseo. ¿Adónde te gustaría ir? *(Lo toma del brazo)* ¡Movete! Este pata coja no te va a hacer nada. Tiene un palo en la mano, pero es para cazar mariposas *(Ríe)* ¡Es tan bruto! ¡Vamos! *(Rolo no avanza. La empuja a ciegas)* Ayudame, Javier. No seas cómodo.

Javier (toma a Rolo por el otro brazo): Vamos, viejita. Amor mío. Te llevamos al parque. Olé, son margaritas *(Tratan infructuosamente de que camine. Rolo se desase, levanta los brazos y con las manos esposadas, golpea a diestra y siniestra, ciegamente)*

Titina (se aparta, riendo): ¡Sálvese quién pueda! ¡Se enojó! *(La roza un golpe)*

Javier (furioso, pega a Rolo fuertemente): ¡Te rompo el alma!

Titina: No, Javier. ¡Dejalo! Es muy obtuso. No me lastimó. Yo renuncio. Atalo. *(Javier levanta a Rolo y lo arroja sobre la silla. Titina, a Javier)* No te calentés. Después de todo, no es fácil caminar a ciegas. Moverse a ciegas, como en un desierto.

Rolo (jadea, furioso): ¡Me las van a pagar! ¡Todas juntas! ¡Santo cielo, me las van a pagar! *(A Javier, que lo está atando)* ¡Te van a estallar los coj...!

Titina: ¡Silencio! Haz bien y no mires a quién. ¡Qué error! Apurate, Javier. Quiero irme a dormir.

Javier: Ya termino. *(Se para frente a Rolo, mira, exhausto, vencido después de la violencia)*

Titina (se acerca, le acaricia la mejilla): ¿Qué te pasa?

Javier: Dura mucho.

Titina: Pronto, pronto termina. También lo nuestro duró mucho. *(Una pausa)* Sacale el zapato.

Javier: ¿Para qué?

Titina: ¡Le hacemos cosquillas! Se pondrá contento. ¡Está tan triste!

Javier: No, es muy elemental. La alegría no le tocará el corazón.

Titina: ¿Creés? ¿Y entonces?

Javier: Pensemos *(Se aparta. Abre la otra puerta del armario, sobre el estante, se ve un soplete a alcohol. El resto está vacío. Titina se inclina sobre Rolo y le quita el zapato)*

Rolo: ¿Qué... qué es... lo que...? *(Grita)* ¡Déjenme tranquilo! ¡Las van a pagar todas juntas!

Titina: ¿Quién cuenta el cuento ahora?

Javier: Nosotros. *(Coloca el soplete sobre la mesa, lo enciende)*

Rolo (escucha el ruido, horrorizado, masculla algo ininteligible)

Javier: ¿Qué dice? ¿Qué comés? ¿Trapo?

Titina (alborozada, lo abraza): ¡Hurra, Javier! ¡Se asustó! ¡Ahora sí!

Javier (mesurado): Calma, Titina. Las expansiones para después.

Titina: ¡Qué dignidad! ¿Le dejamos la media? *(Se acerca a Rolo)* ¿Te lavaste los pies?

Javier: Dejásela, Titina. Le crece una llaga, la media pegada al hueso. Lo curan. Le arrancan un jirón de media, un jirón de carne. Hasta el hueso. Todo podrido.

Titina: Le va a doler.

Rolo (aúlla): ¡No!

Titina (sorprendida): ¿No le va a doler? ¡Pero este hombre es insensible! Sin nervios.

Rolo: ¡Sí, sí! ¡Me va a doler!

Titina: ¡Ah, no te contradigas! *(Con sorpresa)* ¡Pero huele a

105

miedo! Vení, Javier. Respirá hondo. *(Una pausa)* Suda.

Javier: Sí.

Titina: Me ahoga. Y es un olor tan conocido... ¡Apagá eso! *(Con una risa histérica)* ¡Nosotros no podemos quemarlo! ¡Qué pena, Javier! Desperdiciar la crueldad... *(Javier se dirige hacia la mesa y apaga el soplete. Se miran un momento los dos, tristes, incómodos)*

Javier (con un esfuerzo, como si reiniciara un juego): Pero igual le miro el pie. Llegamos hasta acá, le miro el pie. *(Le saca la media. Titina arranca trozos de papel de diario sobre la mesa. Los estruja y, mientras la acción continúa, llena con ellos los bolsillos de Rolo. Javier, agitando la media)* ¡Uf! Se para sola. ¿Qué número calza?

Titina: Cuarenta. *(Se inclina sobre Rolo)* Tiene uñas de peludo cavador. ¡No se las corta nunca!

Javier (a Rolo, que se agita en la silla): Sucio. ¡El número dije! ¡Pero éste no canta! *(Le hace cosquillas en el pie)* ¡Cantá!

Rolo: ¡Cuarenta y uno!

Titina: ¿Cuarenta y uno? ¡Qué pie enorme! ¡Qué asco!

Javier: ¡Pero es alto, Titina! *(A Rolo)* ¿Te duele?

Rolo (dominando su risa histérica): No.

Javier: Sí. ¿Lo soltamos, Titina? Sufre.

Titina: ¿Otra vez? No. No entiende razones. La bondad no sirve, lo viste. *(Mimosa)* Quiero que hable.

Javier: Quizás no le pasó nada en su vida, ¿qué va a contarnos?

Titina: ¿Creés? *(Termina de llenar con los papeles estrujados los bolsillos de Rolo. Enseguida)* ¿Qué guarda acá? *(Saca uno de los papeles y lo alisa. Javier pasa detrás de Rolo y le tapa la boca con ambas manos)* Cartas. Muy comprometedoras.

Javier: ¿De quién son?

Titina: De él. De su puño y letra. ¡Qué poca cautela! Se empantanó hasta el cuello.

Javier: ¿Qué dicen?

Titina (como si leyera): "Querida Titina..." *(Con sorpresa)*

106

¡Me escribe a mí!

Javier: ¡A espaldas mías!

Titina: Sí. Escuchá. *(Como si leyera)* "Pusiste un sol en mi sombra". *(Levanta la vista)* Lindo ¿no? Quiere que te meta los cuernos.

Javier (con blandura): ¡Atorrante!

Titina (saca y alisa otro papel): No puede vivir sin mí. ¡Cuánta pasión! *(Lee, sorprendida)* ¡Ah!

Javier: ¿Qué pasa?

Titina: Quiere que te saque del medio. Estorbás.

Javier: ¿Yo?

Titina: Sí. ¿Qué tiene de raro? Si te mato, quedo libre. Viuda. Rica, apetitosa.

Javier (a Rolo): Hablá. ¡Decí algo en tu descargo! ¡Soy el marido!

Titina: Tiene vergüenza. *(Como si leyera)* Me ayudará, dice. *(Con tristeza, sin leer)* Te llevaremos secuestrado a un bosque y quedarás tirado ahí, con las yemas de los dedos arrasadas. O bajo un manto de cal. Desconocido. Deshecho. No te encontrarán nunca... Y yo esperaré día tras día... *(Alisa otro papel. Bajo)* No se puede leer... Mortifica a los otros, les quita la dignidad. No le basta estar vivo él mismo, condenado a morirse. *(Con el puño cerrado, golpea debilmente el pecho de Rolo)* ¡Vida sucia! *(Se aleja. Alisa un papel minúsculo, lo sostiene en la palma abierta)* Y acá... *(Queda un instante en angustiado suspenso)*

Javier: No leas más, Titina.

Titina (un silencio. Agobiada): Me anuncia la muerte de mi madre.

Javier: Tu madre vive, Titina.

Titina: No, Javier. Lo dice acá. Y por una vez, no miente. El último verano no pudo visitarme. Tenía que ver florecer un cactus rosa. Sólo florecía cada cuatro años. *(Se inclina sobre el papel sostenido dulcemente)* "Soy una mujer muy vieja y si me ausento mientras mi cactus rosa florece, no estoy segura de verlo florecer otra vez..." *(Levanta la mi-*

rada) Tenía 76 años. Mi madre. ¡Ay, que tristeza, Javier! ¡No la veré más! *(Se inclina sobre Rolo)* ¿Qué le hiciste? Iba de noche, cada cuatro años, y arrancaba la flor para que la vieja no viniera nunca a verme...

Javier: Está atado. No puede moverse. *(Aparta las manos de la boca de Rolo)*

Rolo (respira hondo): ¡Yo...!

Javier (brutalmente): ¡No hablés! ¡Ahora, no! ¡Cuernos a mí!

Titina (estruja el papel, lo arroja): ¡Cuernos a él! ¿Sabés lo que pretendías? *(Lo mira, ríe)* Y bueno... después de todo... Tiene buena pinta, ¿no?

Javier: ¡No me parece!

Rolo: ¡Grandísima pu..!

Javier (le pega en la boca): ¡Silencio!

Titina: No escarmienta. Habla siempre a destiempo. *(Se sienta en el suelo, se apoya contra las piernas de Rolo)* Pero es fuerte. ¡Qué piernas! Un buen mozo. ¡Cuántas historias tendrá dentro! Contate una, no seas malo. *(Silencio de Rolo)* Vamos. Una de minas.

Javier: Titina, no seas obscena.

Titina: ¡Qué obscena! Curiosidad. Con todas las chicas que se habrán vuelto locas por él. ¿Le gustaba a las chicas?

Javier: ¡Titina!

Titina: Decime, ¿qué les hacías?

Rolo: ¡Nada!

Titina: Les decías, hablá. Por lo menos, eso.

Rolo: Sí.

Titina: ¿Y qué más?

Rolo: Nada más. Después se iban.

Titina: ¿Y si eran mudas o tartamudas?

Rolo (con un hilo de voz): Se iban.

Titina: Como si no tuvieran nada adentro. *(Una pausa. Lentamente)* Les metías algo entre las piernas que no les gustaba. Javier, buscá otra soga. ¡Necesitamos otra soga!

Javier: ¿Para qué?

Titina (angustiada): ¡No habla!

108

Rolo: ¡Sí! ¡Pero pregunten!

Titina: ¡Y te preguntamos! ¡Pero sos duro! ¡Te callás!

Rolo: ¡No! ¡Sáquenme esto! ¡Me falta el aire! ¡No es el trato, hijos de..! *(se interrumpe)*

Titina: ¿Y qué pretendés? ¿Estar cómodo? Hablá de una vez y salís. *(Ríe)* Digo, te desatamos.

Javier: Sí.

Titina: ¿Y?

Rolo: Yo... yo agarré a muchos.

Javier: Esto va mejor... *(Se sirve una copa y bebe, sentado cómodamente en la silla)*

Titina: Javier, no tomés. Te vas a quedar dormido.

Javier: No. *(A Rolo)* ¿Cuántos?

Rolo: Cinco, seis...

Javier (soñador): La mentira no abandonaba sus labios...

Titina (ídem): Dos forman una multitud, dice el poeta.

Javier: ¿Qué poeta?

Titina (a Rolo): ¿Vos sabés? *(Lo sacude)*

Rolo: No.

Titina: ¡Los libros no muerden! Hay que darle una chance a los libros. Si no, no le das chance a nada. ¿Querés leer uno? Estás a tiempo.

Rolo (estalla): Metételos en el culo!

Titina (no se ofende): ¡Ah, por eso! ¡Ahora me explico! *(Acerca su mano al sexo de Rolo)*

Javier: Titina, ¿qué hacés?

Rolo: ¡Dígale que se quede quieta!

Javier (blandamente): Quieta, Titina.

Titina: Es tímido. ¡Qué amor! *(Mimosamente)* ¡Yo quiero que hable! *(Rolo lanza un corto gemido, más de susto que de dolor)*

Javier: ¡Titina, eso no se toca!

Titina (disculpándose): Quería comparar...

Javier: ¿Y?

Titina (ríe gazmoñamente): Nada que hacer...

Javier: (con fingido orgullo): ¡Te lo decía! *(Se miran los dos,*

109

riendo. La broma se les petrifica en la cara. Se miran, tristes)

Titina: Javier, vayamos a dormir. No puedo más.

Rolo: ¡Suéltenme!

Titina: No voy a poder dormir con este tipo acá. No habla, pero por ahí se le da. Nos corta el sueño.

Javier: Lo amordazamos.

Titina: No. No sirve. *(Con angustia)* ¡Y no habló! ¿Cómo podemos conseguir que hable, Javier?

Rolo (jadeante): ¡Sí, hablo! Todo lo que quieran. Agarré a muchos tipos. Charlaba con ellos. Como con ustedes. Salíamos amigos, ¡comprendían!

Titina (suavemente): Grita demasiado fuerte. Los vecinos escuchan. ¿No sabés que es tarde? El amanecer. Una hora horrible cuando uno está despierto y tiene miedo. "Los hombres lloran en sus camas...", dicen. *(Bruscamente)* Tapale la boca, Javier. *(Javier cubre la boca de Rolo con una venda adhesiva. Titina, cansada)* Ahora estás callado. Los gritos se van para adentro. *(A Javier)* ¿Te acordás? Se incrustan como clavos.

Javier (dulcemente): Gritá, linda.

Titina: ¿Creés?

Javier: Sí.

Titina: Los vecinos.

Javier: Duermen. No se despiertan fácilmente. Les cae la casa encima y no se despiertan. Gritá, mi amor.

Titina: ¿Puedo? ¿Pensás que puedo?

Javier: Sí.

Titina: (cierra los ojos, grita)

Javier (se acerca, la abraza): No, no...

Titina: Basta.

Javier: ¿Qué, basta?

Titina: La boca clausurada, los ojos ciegos... Y la violencia como un animal que nos come. *(Se acerca a Rolo, tiende la mano como si quisiera acariciarlo)* Sacale la mordaza.

Javier (de un tirón, le arranca la mordaza. Amable): ¿Estás bien?

Rolo: Sí.

Titina (con agotamiento): Traé la otra soga, Javier.

Javier: No.

Rolo: ¿Para qué?

Titina: ¿Todavía no?

Javier: No. *(Le acaricia la mejilla, luego va hacia el interruptor y apaga la luz)*

Titina: ¿Por qué apagaste la luz? ¡No ve!

(Ruido de papeles estrujados)

Javier (ríe): ¡Es cierto! No veíamos, por eso. Estábamos en una habitación negra, sin fondo. *(Sigue estrujando papeles)*

Titina (exasperada): ¡Basta! ¡Pronto, la luz! ¡La luz!

(Javier enciende, se miran)

Javier: Perdón.

Titina (penosamente): ¿De qué? *(Se encoge de hombros. Sonríe dificultosamente)* Quítale... el pantalón.

Javier: ¡Delante de mujeres!

Titina (gazmoña): Andá. No miro.

Javier (desata las piernas de Rolo, tironea del pantalón): ¡Me patea! ¡Quieto!

Rolo (angustiado): ¿Por qué...?

Javier: ¡Quieto! Menos pregunta Dios y perdona. ¿O no?

Rolo: ¡Cómo te vas a arrepentir!

Javier (le saca el pantalón. Pone los papeles estrujados bajo el asiento de Rolo, lo vuelve a sentar. Lo ata): ¡Lindos calzoncillos! (A Titina) ¡No mirés!*

(Titina y Javier se apartan, miran a Rolo, inmóviles. Un largo silencio)

Rolo: ¿Qué pasa? *(Sin ruido, Javier se acerca a la mesa, golpea pausadamente con un dedo. Deja de golpear. Silencio)* ¿Qué pasa?

Javier (en voz baja, sin moverse): ¿Todo listo?

Titina (ídem): Sí. *(Un silencio. Javier jadea, sin moverse)*

Rolo: ¿Qué pasa? *(Silencio. Javier y Titina inmóviles. De pron-*

111

to, Titina suspira ruidosamente. Rolo) ¿Qué pasa? *(Un silencio)*

Titina (en voz baja, sin moverse): ¿No será muy terrible... aun para él?

Rolo: ¿Qué?

Javier: No. Es apenas... doloroso.

Rolo: ¿Qué?

(Un silencio)

Titina (suavemente): Conectá.

Rolo: ¡No!

Titina (sin moverse): Poco a poco, Javier, poco a poco, lentamente...

(Un silencio. De pronto, Javier comienza a arrastrar en el mismo lugar la suela del zapato contra el piso)

Rolo: ¿Qué pasa?

(Silencio. Lentamente, sin hacer ruido, Javier se acerca a la mesa y vuelca con estrépito la vajilla sobre el suelo)

Rolo (grita): ¡Ayyyyy! *(Después de un instante, comprende que no le han hecho nada. Se afloja)*

Javier: Se ensució.

Titina (fina, frunce la nariz): ¡Lo que a una le toca presenciar! Este se cree que una no tiene olfato. ¡Qué repugnancia!

Rolo: ¡Basta! ¡Basta, por Dios! Todavía están a tiempo, pero después....

Titina: A tiempo del perdón. ¿Creés? Tenés razón, ya basta. Traé la soga, Javier. *(Javier abre el cajón de la mesa, saca una soga corta)*

Rolo (anhelante): ¿Para qué?

Javier: Para nada. Seguí hablando. Contá.

Titina (con dulzura): Seguí. ¿Tenés miedo?

Rolo: No.

Titina: ¿Y los otros?

Rolo: Tampoco.

Titina: ¡Contá!

Rolo: Estaban habituados.

Titina: ¿Cómo?

112

Rolo (con una sonrisa agria): ¡Con un miedo pánico! Demasiado frescos. No les pedía mucho.

Titina: ¿Por qué no hablás vos?

Rolo: ¡Yo estoy hablando! ¡Sigo hablando! ¡Pero me sacan esto! Lo lamentarán. Quiero... ver...

Titina: ¿Estás demasiado apretado?

Rolo: Sí.

Titina: ¿Y después?

Rolo: ¡No les pasará nada después!

Javier (se acerca con la cuerda): No contestás nunca lo que te preguntamos. ¿Por qué no hablás?

Rolo: ¡Pregunten!

Javier: Tenés que contestar lo que te preguntamos. ¿Entendés? Lo que te pre-gun-tamos.

Rolo (anhelante): ¿Sí?

(Un silencio de espera)

Javier: ¡Y no contesta! *(Le pasa la cuerda por el cuello)* Lo siento.

Rolo: ¿Qué? ¿Qué... es esto?

Titina (conmovida): Contestá, querido, por favor, contestá. No queremos apenarte, no te deseamos ningún mal.

Rolo: ¿Qué quieren que conteste? Sí, sí a todo. Perdón a todo. ¿Qué... qué me van a hacer?

Titina: Nada... ¡Me desespera! ¿Por qué no contesta, Javier? ¿Es tan difícil? Ninguna respuesta. ¿Estás tirando, Javier?

Javier: Sí.

Rolo: Un momento. Están apre... tando mu... cho. Me están... asfixiando... *(La cabeza le cae hacia atrás)*

Titina: Si pudiera, te acariciaría la cara. Pero estás todo cubierto, no se te ven los ojos. Si pudiera verte los ojos como eran antes, cuando naciste... ¿Quién te puso esto, pobrecito?

Rolo: Suélt... *(emite un sonido estertoroso, muere)*

Titina (triste): Y tiene lindo pelo... ¿Cómo creció el pelo en esta cabeza? ¿Cómo la protegía? Apurate, Javier. Se calla. ¿Por qué está tan callado? No contesta. *(Se desliza hacia*

el suelo y oculta la cara contra las piernas de Rolo)
Javier *(suelta la soga. Permanece inmóvil un momento, luego se acerca a Titina, la levanta)*: Vení, sentémonos. Vamos a hablar. Vamos a acostarnos. Nadie nos sacará el sueño.
Titina: Las tres de la mañana. Una hora jodida, Javier.
Javier: Vení.
Titina: No quiso hablar.
Javier: No importa.
Titina (lanza una risita ahogada): ¡Se lo hicimos a propósito!
Javier (terminante): No. No habló.
Titina (bajo): ¿Qué nos harán, Javier?
Javier: No importa. Dormiremos toda la noche, iremos al mar, tendremos un gato.
Titina: Gris, negro, de cualquier color. Basta que sea un gato, ¿no, Javier?
Javier: Sí.
Titina: Pero él estará siempre ahí, mirándonos...
Javier (bruscamente): ¡No ve nada! Está muerto.
Titina: Desatalo, Javier. *(Javier desata a Rolo, el cuerpo cae al suelo, le arranca el vendaje. Titina)* Cerrale los ojos. *(Rolo tiene los ojos cerrados)*
Javier (mira a Titina, luego pasa la mano sobre los ojos de Rolo, como si se los cerrara): Ya está.
Titina (toma la cabeza de Rolo entre los brazos): Parece un hombre cualquiera... Indefenso.
Javier (furioso): ¡No la compasión!
Titina: Sí, lo sé. *(Abandona el cadáver. Se queda sentada en el suelo, las manos sobre el regazo. Javier se acerca, le acaricia la cabeza. Titina)* Javier, no veremos nunca el mar.
Javier: Sí, ahora sí. *(Se sienta frente a Titina)*
Titina: ¿Te imaginás? ¿La tierra sin agua, seca? Sin pescaditos, sin movimiento, con sed. Una porquería.
Javier (tiende la mano y le acaricia suavemente la mejilla, a distancia): Nos queríamos. *(Un silencio)* Hablá, Titina.
Titina: No tengo nada que decir.

Javier: (con cierta dificultad): La gente... en la playa... feliz...
oscura com...

Titina (con la misma dificultad): ¡Ah! Cierta... men... te.
(Un silencio).

Javier (ídem): Hablá. Nos... queríamos.

Titina: Nos que... *(Intenta continuar la frase, no puede despegar los labios)*

Javier (trabajosamente): Sí, hablá. Nos... que... que... ría...
(Desesperadamente quiere hablar, no puede. Juntan las manos por las muñecas, como si las tuvieran esposadas, mirándose, las llevan lentamente uno hacia el otro. Gimen, intentando hablar, la boca cerrada. Brusca y violentamente, Javier suelta sus manos. La abraza fuertemente) ¡Hablá, Titina! ¡Lo hicimos! ¡Hablá! Por favor, hablá...

Titina (después de un silencio, dificultosamente): Nadie nos...
sacará del... *(se calla)*

Javier: Sueño. Nadie. *(Como si le enseñara a un chico)* Otra
vez. Nadie...

Titina: Nos... nos sacará del sueño.

Telón

La gracia

La gracia

1971

Personajes

Rosa
Mario
Mamá
Gendarme
Hombre 1º
Hombre 2º
Hombre tendido
Hombre con los pies al aire

La escena en oscuridad. Se oye un largo y estertoroso gemido.

Voz de Rosa: ¿Dormiste bien?
Voz de Mario: Sí.
(Una pausa)
Voz de Rosa: ¿Qué te pasa? ¿Por qué estás callado?
Voz de Mario: Tuve un sueño horrible.
Voz de Rosa: Es ese ruido.
Voz de Hombre 1º: Estoy acalambrado.
Voz de Hombre 2º: Tratá de moverte.
Voz de Hombre 1º: Lo intenté. Es difícil.
Voz de Hombre 2º: Pronto amanecerá. Podremos vernos las caras.
Voz de Hombre 1º: ¿Para qué?
Voz de Hombre 2º (afeminando la voz): ¿Cómo para qué? ¿No te gusto? *(Ríe. Lo interrumpe el estertor. Fastidiado)* ¡Acabala!
Voz de Rosa: Mario.
Voz de Mario: ¿Qué?
Voz de Rosa: ¿Dónde estás?

119

Voz de Mario: Aquí.

Voz de Rosa: ¡Ah!

Voz de Hombre 1°: No amanece.

Voz de Hombre 2°: ¡Sí! *(Grita, como avisando a alguien)* ¡Eh, es el amanecer! *(Con evidente artificiosidad, se producen varios estallidos de luz, verdes, rojos, cada vez más intensos, hasta que la luz se fija, blanca)*

Hombre 1°: Insólito.

Hombre 2°: ¿Qué?

Hombre 1°: El sol a punto.

(La luz ilumina una serie de formas irregulares, bastante separadas unas de otras. Los personajes están metidos dentro de armazones o géneros endurecidos, como embreados, de mayor tamaño que el cuerpo, cuyo contorno suelen respetar sólo por partes, el resto se desparrama, informe. Los armazones de Rosa, Mario, Hombre 1° y Hombre 2°, que están de pie, pueden abrirse por detrás. A todos les queda libre la cabeza, salvo a uno que, en cambio, está libre de las rodillas para abajo. Su forma recuerda vagamente al hombre del huevo de Gerónimo Bosch. Está en el suelo, las piernas encogidas, como acuclillado contra el armazón redondeado. Los restantes tienen libre: Hombre 1°, un brazo; Hombre 2°, una pierna. Mario conserva afuera la mitad derecha del cuerpo, con el brazo libre como puesto en jarras, pero la mano desaparece dentro del armazón, como la otra. Rosa está envuelta totalmente, sólo le queda libre el cuello y la cabeza.

En un costado, un alto camastro. Tendido en él, se encuentra un personaje envuelto en una especie de caja informe de la cintura para abajo. Yace de espaldas, con la cabeza caída fuera del camastro, los ojos cerrados, el rostro verdoso. De los labios le brota el sibilante estertor)

Hombre 2°: ¿Quién me rasca la pierna?

Hombre 1° (tiene a su alcance una escoba apoyada contra el armazón. Feliz): No alcanzo. *(Toma la escoba, barre torpemente)* Me gusta tener todo limpio. Son mis ventajas.

Hombre 2º: Alcanzás con la escoba. ¡Rascame la pierna!

Hombre 1º: Todos los días lo mismo. ¡Si me pagaras! *(Lo rasca)*

Hombre 2º: Más abajo.

Rosa (a Mario): Me parece que te acercaste.

Mario: ¿Sí?

Rosa: ¡Sí! ¡Estás más cerca! ¿Cómo fue?

Mario (sopla en su dirección): ¿Te llega mi aliento?

Rosa (decepcionada): No. Todavía no. Soplá. *(Mario sopla. Rosa aparta el rostro, con repugnancia)* Me llega apenas... un vago olor.... *(Lo mira)* Perdoname. Probá otra vez.

Mario: No.

Rosa: ¡Probá! Te quiero. *(Se miran. Rosa mueve la cabeza, alentándolo)* Probá. *(Mario junta saliva, escupe hacia Rosa)* Tampoco.

Mario: No tengo hambre. No tengo saliva.

Rosa: Es muy temprano. Vamos a probar después del almuerzo. ¿Querés?

Mario: Sí.

(El hombre tendido lanza un estertor más agudo)

Hombre 1º: Parece un perro. No pude cerrar los ojos. ¡Qué clavo!

Mario (para distraer a Rosa que, ansiosamente, ha girado la cabeza hacia el hombre tendido. Con rapidez): Mamá vendrá hoy.

Hombre 1º: Insólito. Es una palabra que me gusta. Pero tengo pocas ocasiones para usarla. Insólito.

Rosa (mira al hombre acostado): ¿Y cuando... muera...?

Hombre 2º: ¿Y por qué va a morir?

Mario: ¡Rosa! Hoy te presentaré a mamá.

Rosa (lo mira): ¿Sí?

Mario (bromista): ¡Sí! ¡Acabaremos por casarnos!

Rosa: No le caigo simpática.

Hombre 2º: ¡No diga eso! ¡Usted! ¡Un pimpollo!

Mario: ¡No se meta! *(A Rosa)* Finge no conocerte, pero te mira, se pregunta si sos la mujer que me conviene. Exceso de celo.

121

Hombre 1°: ¡Si por lo menos nos limpiaran antes de las visitas!

Rosa (con un gesto de la cabeza hacia el hombre acostado): ¿Alguna vez pasó que alguien se...?

Mario: ¡No!

Hombre 2° (juega con una pelotita de papel): Yo juego para no joderme. Uno se atrofia. La ligué.

Hombre 1°: ¡Qué vas a ligarla! *(Agita el brazo)* ¡Esto! ¡Esto sí es importante! *(Muestra el pulgar)* ¡Lo que nos diferencia del mono!

Hombre 2° (se le escapa la pelotita, le queda fuera del alcance del pie) ¡Mierda! ¡Despertá a ése! *(Señala al hombre de los pies libres)*

Hombre 1° (lo sacude con la escoba): ¡Eh, arriba! Este se pasaría el día durmiendo. ¡Qué fiaca!

Hombre 2°: ¿Te fijaste? Aún no le conocemos la voz.

Hombre 1° (le pega con la escoba): ¡Despiértese! *(El hombre agita los pies, el movimiento produce un sonido chirriante. Se oye el estertor)*

Hombre 2°: ¡Qué dúo!

(Entra la madre. Trae un bolso en la mano)

Mamá (se acerca a Mario): ¡Mario, hijo mío!

Mario: Buen día, mamá.

Mamá (lo besa): ¿Cómo estás?

Mario: Bien, mamá.

Rosa: No es cierto. Durmió mal. Tuvo un sueño horrible.

Mamá (no la atiende. Rosa, humillada, cierra los ojos, hunde el cuello en el armazón. Mamá, muy atareada, saca unos trapos del bolso, un termo, un plato de lata y una cuchara): ¿Te lavaste la cara? *(Mario niega con la cabeza. Mamá le refriega la cara con un trapo)*

Mario: Despacio, mamá.

Mamá (escupe en el trapo, se lo pasa por los ojos): Tenés una lagaña. Te peino. *(Lo peina)* ¡Qué pelo enredado! ¡Si lo usaras corto! ¡Pero no, querés seguir la moda! Te traje sopa de cabellos de ángel. Y germen de trigo. Es bueno para crecer.

122

Hombre 2° (al hombre de los pies libres): La pelotita... ¿me la alcanza?

(El hombre de los pies libres se mueve a ciegas)

Mario: No, mamá, no. Cada día estoy más apretado.

Mamá: No digas eso. Para otros, sería una felicidad crecer. Venirse fuerte como un roble. Una felicidad, te digo. Comé. *(Vacía la sopa del termo en el plato y se la da a Mario a cucharadas. Observa a Rosa)* ¿Qué le pasa?

Mario: Se habrá desmayado. ¡Rosa, Rosa!

Rosa (abre los ojos): Dormía. No quería importunarlos.

Mamá (seca): ¡Gracias! *(A Mario)* Se mandaba la parte.

Hombre 2° (humilde, a la madre): La pelotita... *(No lo atiende. Excedido, a Hombre 1°)* ¿Me alcanzarías vos la pelotita?

Hombre 1° (con cara concentrada): Estoy ocupado.

Hombre 2° (a la madre): Señora... *(No lo atiende)*

Mario: Mamá, vamos a casarnos.

Mamá: ¡Tan jóvenes! Esperen un tiempo.

Rosa: Nos queremos.

Mamá: ¿Sí? *(A Mario)* ¿Cómo estás tan seguro? No le conocés el cuerpo. ¿Y si es renga?

Rosa: ¡No soy renga!

Mamá: ¿Y los senos? ¿Cómo andan los senos? *(El hombre acostado lanza un gemido más agudo)* ¡Ay, que horrible! ¿Todo el día así?

Hombre 2°: Y toda la noche. *(Señala con la pierna al hombre de los pies libres)* Este, por lo menos, nos da un descanso.

Mamá: Los compadezco.

Hombre 2°: Gracias, señora.

Mamá: Pero el que la hace, la paga. A mí nadie me molesta. Yo voy y vengo. A ustedes les falta distinción.

Mario (ha estado agitándose. Incómodo, en voz baja): Mamá... me siento mojado.

Mamá: ¿Qué?

Mario: Mojado.

Mamá: Hablá más alto. ¡No entiendo nada!

Mario: Me siento... mojado.

Mamá: Callate.

Mario: Tengo que decirlo, mamá. ¿No podés... limpiarme?

Mamá: ¿Y cómo, Mario? Y bueno, si a vos no te da vergüenza... *(Gira en torno de la envoltura)* Acá hay una hendija, un rasgón. A ver...
(Mete la cuchara) No puedo... *(Forcejea para sacar la cuchara)* ¡Ah, se quedó adentro! ¡Qué ganancia!

Rosa (mira al hombre acostado): Y cuando muera, ¿qué pasará?
(Bruscamente, el hombre se sienta en el camastro, derecho, los ojos muy abiertos)

Mamá: ¡No, no! ¡Está bien! ¿Cómo se siente, señor? *(El hombre, inmóvil, mira fijamente)* ¡Cómo mira! ¡Está lúcido!

Hombre 2º: Señora, ¿no puede rascarme la pierna?

Mamá: ¿Y su familia? ¿Cómo me pide eso? ¿Quién lo conoce?

Mario: Hacele el favor, mamá.

Mamá: ¡Mario, como me pedís una cosa así! ¡Tocarle una pierna!

Hombre 2º: ¡Rascármela! ¡Me pica!

Hombre 1º (venenoso): ¿No era una ganga tener la pierna al aire?

Mamá (le tiende la escoba al Hombre 2º): ¡Sírvase!

Hombre 2º: ¡Vieja de mierda!

Mamá (a Mario): ¡Muy bien! ¡Tenés lindos amigos!

Mario (a Hombre 2º): No comprende.

Mamá: ¿Por qué no llama a su familia?

Mario: ¡No tiene!

Mamá: ¿Y cómo? Bueno, por esta vez. Retire lo de vieja de mierda.

Hombre 2º: Lo retiro. *(Hombre 1º, ríe, vengado)*

Mamá: Pero no se tome la costumbre. ¡No vengo a hacer la sirvienta de nadie! ¡Pero yo no lo toco! *(Lo rasca con la escoba. Luego la invierte y le hunde el palo en la pierna varias veces. El hombre lanza un alarido. Mamá)* Por lo menos, ahora va a dolerle. Es un cambio, ¿no? Yo odio la rutina. *(A Mario)* No vengo más todos los días. Vendré

124

una vez por semana. Cambiamos.

Mario: Sí. *(Rosa, que no ha cesado de mirar al hombre del camastro, suspira. Mario)* Dale un poco de agua, mamá.

Rosa: No se moleste, señora.

Mamá: Está pálida.

Rosa: Cuando muera... ¿qué pasará?

Mamá: ¿Qué quiere que pase? *(Bruscamente, con un movimiento rígido, el hombre sujeta con la mano la parte superior del envoltorio del hombre con los pies libres que ha ido rodando hasta el camastro. El hombre agita los pies. El estertor se vuelve más frecuente y agudo, acompañado por el rechinamiento de las rodillas del otro)* ¡Si todavía tienen ganas de farra!

Rosa (con un hilo de voz): Cuando muera... ¿qué pasará?

Mamá (mira al hombre): ¡Nada! ¡Tiene vida para rato! ¡Cambie de disco! *(El hombre cae bruscamente hacia atrás, muerto)* ¡Oh, se murió!

Rosa (id): Y ahora, ¿qué pasará?

Mamá: ¡Se va al cielo!

Mario: ¡Llévátelo, mamá!

Mamá: ¿Qué yo me lo lleve? ¿Adónde? ¡Si fuera un buen partido! *(Aparta con una patada al hombre con los pies libres que ha ido rodando hasta ella)* ¿No puede quedarse quieto?

Rosa: ¡Sáquelo de aquí, señora! ¡Se pudrirá! ¡Se... pudri...!

Mamá: ¡Ah, hijita, no empieces a mandar! ¡Que se quede! ¡No pide nada a nadie!

Rosa: ¡Es un cadáver!

Mamá: ¡Qué descubrimiento! *(Rosa llora)* ¿Y por qué llora? *(A Mario)* ¿Es su pariente?

Mario: No. Está asustada. ¿No podés.... acercarla un poco, mamá?

Hombre 2º: Y si a mí me acercara la... *(agita inútilmente el pie hacia la pelotita fuera de su alcance)*

Mamá (lo mira, digna): Una cosa por vez. Me vuelven loca. *(El hombre con los pies libres la tropieza ciegamente)*

125

¡Oh, éste siempre entre los pies! *(Lo agarra por los pies y lo arrastra, empujándolo abajo del camastro)* ¡Quédese ahí! ¡Sin moverse! ¡Oh! *(Mira a los otros)* ¿Dónde estábamos?

Hombre 2º: La pelotita.

Mamá (mira a Hombre 1º): Usted es un encanto. No molesta. Me gusta.

Hombre 1º: Gracias, señora.

Mamá (coqueta): ¿Quiere que me acerque?

Hombre 1º: No me atrevo a esperarlo.

Mamá: Pues espérelo. *(Le acerca el trasero. Hombre 1º la toca. Mamá ríe, después de un momento, espera algo más que no se produce. Se vuelve hacia él, lo mira. Con frialdad)* Es incompetente.

Hombre 1º (arrebatado): Necesito... más tiempo.

Mamá: Arréglese.

Rosa (mira hacia el hombre muerto): Hay moscas.

Mario: ¡Mamá, acercala un poco! Comí. Tengo otro aliento. Si le soplo, se olvida.

Mamá: Había que pensarlo antes. Después de todo, no naciste así. Tus deformidades no me pertenecen. *(Mira a Hombre 1º)* ¿Qué gratificación obtengo de todo esto? ¡Una pasada por el culo!

Mario: ¡No empecés, mamá!

Mamá: No empiezo. Pero hacen su voluntad, y después, piden ayuda. Además, atención con las costumbres. Pasan las noches solos. Estos dos están atados, no cuentan. *(Refiriéndose al hombre de las piernas libres)* Ese no ve. ¿Dónde se metió? ¿Más juntos? Vienen los hijos. ¿Quién los va a cuidar? ¿La abuelita? ¡No, m'hijito!

Rosa: Empezará a oler...

Mario: Rosa, está muy seco. ¡No olerá nada!

Rosa: Pero perderá. Dicen que pierden un líquido cada... cada...

Mamá: Cada, cada, ¡hay cada una! ¡Qué obsesiva! ¿Por qué no se preocupa de los vivos? ¡Deje a los muertos en paz!

Es más sano. (Rosa llora)

Mario: ¡No llorés! ¡Dale un poco de agua, mamá!

Mamá: No traje. (Arranca unos fideos pegados al plato de lata) Acá hay unos fideos, ¿quiere? (Rosa niega con la cabeza, Mamá, ofendida) ¿Y entonces?
(Entra el Gendarme. Trae trozos de pan y varias escudillas encimadas que contienen un menjunge oscuro. Les arrima el pan a la boca, apenas si tienen tiempo de hincar los dientes)

Mamá (señala a Mario): Este comió.

Gendarme: Mejor.

Mamá (mientras el Gendarme se mueve atareado con la comida): Señor, dígame, ¿hasta cuándo?

Gendarme: Hasta cuándo, ¿qué? ¿O supone que este trabajo me encanta? ¡Había que pensarlo antes!

Mamá: Bueno, pero perdonar es divino, ¿no?

Gendarme: Perdonamos, ¿y después?

Mamá: En lo que se refiere a mi hijo, pongo las manos en el fuego.

Mario: ¡Por Rosa también!

Mamá: ¡Oh, no! ¡Por ésa no pongo nada! ¡No nació de mi vientre!

Gendarme (se acerca al muerto): Y a éste, ¿qué le pasó?

Mamá: Murió.

Gendarme: Ya lo veo.

Mario: ¿Cuándo lo sacan de aquí?

Gendarme (sorprendido): ¿Para qué?

Mario: ¡Está muerto! ¡Hay que enterrarlo!

Mamá: ¡Qué falta de personalidad! ¡Siempre lugares comunes!

Gendarme (piensa, sinceramente): ¿Sí? ¿Y quién lo hace?

Mario: Lléveselo.

Rosa: ¡Sí, sí, por favor!

Gendarme: Los muertos no hacen daño, niña. ¿Qué es lo que estorba? (Pasa al lado de Mario, ve el extremo de la cuchara atrancado en la hendija) ¿Qué es esto? ¡Ah, señora, introduciendo armas! (Forcejea con la cuchara, consigue *sacarla)*

Mamá: No, no, sólo quería limpiarlo.

Gendarme: Los limpiamos una vez por semana, ¿no es bastante?

Mamá: ¡Más que suficiente! Pero me lo pidió. ¡Me tiene en un puño!

Gendarme: Es feo que se aprovechen así.

Mamá: ¿No es cierto?

Gendarme: Váyase, señora. Por esta vez, lo olvido. *(Le entrega la cuchara)*

Mamá *(a Mario)*: ¿Viste? *(Le sacude la cuchara en la cabeza)* ¡En buen lío podías haberme metido! *(Recoge sus cosas)*

Gendarme: No se apene.

Mamá: ¿Cómo no? ¡No soy una piedra!

Gendarme *(cuenta los personajes)*: Falta uno. ¡Alarma!

Mamá: No. Lo puse ahí. *(Señala el camastro)*

Gendarme *(toma al hombre por los pies y tira hacia afuera)*: ¿Qué pasa? ¿Está sin hambre? *(Sin contemplaciones, mueve el envoltorio. Con trabajo, mete un pedazo de carne sanguinolienta por un agujero. Ve a la madre)* ¿Todavía aquí?

Mamá: Ya me voy. ¡Es que las despedidas me destrozan!

Gendarme: Aún debo sacar al muerto. ¿Dónde lo pongo?

Mario *(feliz, a Rosa)*: ¿No te decía?

Mamá *(al Gendarme)*: Se quieren casar. Seré abuela. Para mí, está embarazada. ¡Cuando hay tanto apuro!

Gendarme: ¿Se va, señora, o no se va? Despídase de su hijo. Tengo que limpiarlos.

Mamá: ¿Me lo dice a mí? Crié cinco hijos. ¡Cambié tantos pañales! *(Besa a Mario)* Hasta el lunes. *(Fríamente, a Rosa)* Adiós. *(Sale, junto con el Gendarme que se lleva el pan y las escudillas)*

Hombre 2º *(ofendido)*: ¡No nos salude! ¡Es yeta!

Hombre 1º: Me quedé con hambre.

Hombre 2º: Pero con esa mano, la ligás más.

Hombre 1º *(muy satisfecho)*: ¿Viste?

Hombre 2°: ¡Y esa vieja de mierda no me alcanzó la pelotita! *(A Mario)* Perdoná. *(Entra nuevamente el Gendarme con un balde con agua y un cepillo de barrendero)*
Gendarme (se acerca a Mario): El primero.
Mario: ¿Por qué yo? *(A Rosa, humillado)* No mirés.
Rosa (baja los ojos): No miro.
Gendarme (abre el armazón de Mario por detrás. Arroja un poco de agua, limpia con el cepillo): ¡Puah! *(Mira)* Está escaldado.
Mario: ¡Cállese!
Gendarme: ¿Por qué? ¿Es pecado?
Mario: No mirés, Rosa.
Rosa: No miro.
Gendarme (termina de limpiar. Cierra la envoltura. Mira al de los pies libres. Menea la cabeza): Siempre el mismo problema. *(Le cepilla los pies. Lo mueve, empujándolo con el zapato)* Cada vez más pesado. *(Se acerca a Rosa)*
Mario (para distraerla): Rosa...
Rosa (observa al Gendarme): Sí...
Mario: ¿Charlamos un poco? ¿Qué te pareció mi madre?
Rosa: Bien. Simpática. *(El Gendarme abre la envoltura, se mete adentro. Ella gira la cabeza todo lo que puede hacia atrás)*
Mario: ¡Rosa!
Rosa (vuelve la cabeza, lo mira): ¿Qué?
Mario: Es agria, pero... en el fondo... es buena, te va a querer.
Rosa (en suspenso): Yo también.
(Una pausa)
Mario: ¿Qué pensás?
Rosa (trabajosamente, atenta a lo que sucede en el interior de la envoltura): Bueno... pienso... pienso... que no va a ser difícil vivir.
Mario (con esfuerzo): Tenemos lo importante. La juventud. El cuerpo... la... la voz... manos... y... y... *(Rosa grita. Mario, angustiado)* ¿Qué te hace? *(Hombre 1°, que puede ver lo que sucede, lanza una risita. El Gendarme reaparece*

129

y lo coloca de espaldas. Vuelve a meterse dentro del envoltorio. Arroja fuera el cepillo)
Mario: ¡Ya está limpia! ¡Déjela!
Rosa: ¡No mirés! *(Grita. Luego)* ¡Seguí... hablando! Contame. ¿Fuiste... al cine? ¿Cu... cuándo? *(Gime)* ¿Qué... qué viste?
Mario: ¿Qué te hace?
Rosa: ¡Seguí hablando!
Mario *(rápida y entrecortadamente):* La mirada es... Miramos un árbol y es un árbol. Miramos un árbol. Nada nos engaña. Nadie. La muerte es... la muerte. No quería decir esto. ¿Qué hace? Es una experiencia que.. Nadie nos engaña. Nadie.
(El hombre con los pies libres, que sigue rodando a ciegas, se mete dentro del envoltorio. Se lo ve salir rodando de un puntapié)
Voz del Gendarme: ¡Se equivocó de departamento! *(Ríe)*
Mario: Y entonces... la única esperanza es no perder los ojos, la mirada. Se va sobre seguro. El error es... imposible.
(Rosa lanza un último gemido)
Gendarme *(reaparece, con expresión satisfecha):* ¡Misión cumplida!
Mario: ¿Qué te hizo, Rosa?
Rosa *(con un hilo de voz):* Nada.
Gendarme: Nada. Pequeñas compensaciones. *(Coloca a Hombre 1º en su posición anterior)*
Hombre 1º: Insólito.
Mario *(desesperado):* ¿Qué es insólito?
Hombre 1º: Cojer así.
Mario: ¿Qué dice?
Rosa: ¡No lo escuchés! Mirame, Mario. Me... me olvidé del muerto. Son... sonrío. *(Sonríe penosamente)*
Gendarme *(se acerca a Rosa, musita en su oído con tono amistoso y confidencial):* Si no te lavás, es peligroso, lavate. *(Luego, más alto)* ¿Te peino? *(Saca su propio peine del bolsillo y la peina)* ¿Te hago trencitas?
Rosa: Mario...

Mario: Sí...

Rosa: ¿Podré caminar? Pasó tanto tiempo.

Mario: Claro. Te enseño si no sabés. Lo lindo del amor es... "no tener nunca... que pedir perdón".

Rosa: Así que... ¿podré caminar?

Mario: Sí. No te preocupes. Rosa, amor mío.

Rosa: Amor mío. Si pudiéramos estar más cerca...

Mario: Pedíselo. ¡No!

Rosa (al Gendarme): ¿No quiere... acercarnos un poco?

Gendarme: ¡Pícaros! *(Empuja la envoltura de Rosa hacia Mario)*

Rosa: ¡Mario, nos acerca! ¡Vamos a estar juntos!

Gendarme: Los voy a juntar a todos.

Hombre 1º: ¿En serio?

Gendarme: En serio.

Hombre 2º: ¿Y la pelotita?

Gendarme: ¡También la pelotita!

Todos: ¡Nos acercan! ¡Vamos a estar juntos!

Hombre 1º: ¡Gracias!

Gendarme (empujando los armazones): ¡Por fin uno se acordó de dar las gracias!

Todos (riendo): ¡Gracias! ¡Gracias!

Rosa: ¡Oh, qué felicidad! *(Llora)*

Mario: No llorés.

Gendarme (observa al muerto. Todos lo miran, un poco asustados): No. Este no. *(Sonríe)* No tendría objeto. Mañana lo entierro. *(Termina de acercar a todos. Le falta el hombre de los pies libres. Lo toma por los pies)* ¿Dónde lo pongo? *(Juega, girando en círculo, con el hombre en el aire. Luego lo deposita pesadamente en el centro)* ¡Listo!

Todos (mirándose): ¡Hola! ¡Hola!

Mario (a Rosa): Podemos tocarnos. *(Dificultosamente, la topa con la cabeza, la lame)* Te seco las lágrimas.

Rosa: ¡Recién te veo los ojos! ¡Son grises!

Mario (muy feliz): ¡No, no! ¡Mirá bien!

Rosa: ¡Grises!

Mario: ¡No! Verdes. Es la luz la que me los vuelve grises. Son verdes.

Rosa: Verdes.

Mario: Los ojos no engañan.

Hombre 1º (feliz): Insólito. Insólito.

Rosa: ¡Verdes!

Hombre 1º (pone el brazo libre sobre el hombro de Hombre 2º): Hola.

Hombre 2º (lo patea suavemente con la pierna libre, feliz): Hola. *(Preocupado)* ¿Te lastimo?

Hombre 1º (sonríe): No.

Mario (a Rosa): Los tuyos son marrones. Te beso. *(La besa) (Sonrisas de felicidad. El Gendarme, que ha estado sentado en el camastro, mirándolos, se levanta. Desenfunda una pistola, se acerca, comienza a dispararles en la nuca)*

Telón

El miedo

El miedo

1972

Personajes

Carlos
Miguel
El viejo
Dos hombres

Una habitación con dos puertas laterales, derecha e izquierda, una conduce a un baño, la otra es exterior. Una tercera puerta, a foro, conduce a una habitación cerrada. Hacia un costado, una mesa con una taza, un calentador con una pava e implementos para tomar mate. Detrás de la mesa, un sillón y una pequeña estufa. Contra la pared opuesta, una hilera de sillas, algunas en desorden, volcadas. Sobre una de las paredes, un cartel donde se lee: "Prohibido fumar".
Carlos está de pie, junto a la mesa. Viste pantalón arrugado, un manchado saco sport, camisa y corbata. Su aspecto es tenso y temeroso. Mira fijamente hacia adelante y silba, pero el silbido es sólo un soplido espasmódico.
La luz comienza a disminuir y como si esto fuera un aviso, Carlos vuelve la cabeza hacia la puerta del cuarto cerrado. La puerta se abre silenciosamente. Hay un instante de espera, luego aparece un hombre en el vano. Lleva saco y corbata y una larga falda, de tipo campesino, que le llega hasta los pies. Una peluca rubia de mujer larga hasta los hombros y la boca cuidadosamente pintada de rojo vivo. Oblicua sobre esta boca, se ve la huella de otros

135

labios más, dibujados con torpeza, la pintura rojo oscura, corrida.

El hombre se detiene en la puerta, muestra los dientes en un rictus doloroso que quiere ser una sonrisa, y luego, lentamente, lleva las manos al vientre. Avanza. La puerta parece cerrarse por sí sola. Carlos tiembla, lanza una suerte de estertor y, sin apartar los ojos del hombre, lleva las manos hacia su propio vientre. El hombre se detiene, el mismo rictus en la boca, intenta recoger el borde de su falda. La alza lentamente, se le ven las medias de mujer, sujetas con ligas a un ajustado slip rosa, los zapatos con tacos. Sobre el slip, una gran herida en el vientre forma una mancha de sangre que, poco a poco, cae por las piernas. El hombre se balancea un momento, como un agonizante que pretendiera bailar un can-can. Se balancea y termina por desplomarse con un sordo gemido.

Carlos, que ha observado petrificado, se abalanza sobre él. Intenta levantarlo torpemente, se arrodilla y le sostiene la cabeza, con la peluca grotescamente torcida. El hombre llora. Carlos, trastornado, saca un gran pañuelo blanco, le seca las lágrimas. Balbucea dulces, angustiadas palabras que no se entienden. Termina por lanzar un jadeo estertoroso, como si fuera él quien agonizara.

La puerta vuelve a abrirse en silencio. Carlos lo intuye, queda inmóvil, luego gira lentamente la cabeza, aterrorizado, apretando o protegiendo entre sus brazos la cabeza del hombre, como si quisiera evitarle la visión de la puerta. Allí, después de un momento, aparece otro hombre, la misma vestimenta, el mismo rictus doloroso simulando una sonrisa.

El primer hombre muere. Carlos mira al hombre en la puerta, secando a ciegas, torpemente, el rostro del muerto. Oscuridad.

La luz ilumina la misma habitación. Carlos está de pie, observando con gran atención el piso, en el lugar donde cayó el primer hombre. Pero su expresión no es para nada angustiada, observa como quien lo hace para ver si el piso está limpio. De pronto, recuerda algo, sonríe.

Carlos: Veinticuatro de agosto. Mi cumpleaños. *(Como si se decidiera a festejarlo)* ¡Me hago unos mates! *(Se prepara el mate, canturreando. Sorbe, traga, mira la bombilla con asco)* ¡Qué vicio! Hubiera podido festejarlo en otra forma. Aun como vicio individual, es repugnante. Meter la boca alrededor de ese cañito, un coito con lata. Y cuando se juntan unos cuántos, ¡ja!, no quiero ni pensarlo. Y el ruido cuando se termina... *(Sorbe con infinito cuidado. Se oye el ruido cuando termina el mate)* ¡Peste! No lo soporto. Un ruido infame, ordinario. *(Arroja el mate, furioso)* Basta de pis verde. *(Breve pausa)* Por eso nos desprecian los ingleses. Té. *(Helado)* Pero el té es contrario a mi idiosincracia. Nací en la pampa *(Piensa, ríe. Toma la taza, vacía en ella el contenido del mate. Le agrega agua de la pava. Aristocrático)* Fecundo en estratagemas. Así es mi mente: fecunda en estratagemas. *(Mira el interior de la taza con creciente repugnancia)* ¡Cómo nada la yerba! ¡Abajo! *(Con asco, se acerca la taza a la boca, bebe y escupe)* Bueno, esto no resultó. *(Sigue escupiendo trocitos de yerba)* ¡Ah, todos los caminos cerrados! *(Escucha)* ¡Qué silencio! ¡Cómo han dejado las sillas! Sin orden. Gente bruta. *(Las acomoda contra la pared, se sienta en una de ellas, tenso, mira fugazmente hacia la puerta de foro. De pronto, se incorpora como si la silla quemara)* Es feo envidiar. Nadie me dijo que me sentara en una silla. Tengo mi sillón. *(Antes de que lo alcance, se abre la puerta exterior y aparece Miguel. Está vestido como Carlos, la ropa menos deteriorada. Se detiene en el umbral, mira en silencio la habitación, luego a Carlos. Carlos)* ¡Otro! *(Sonríe)* Bienvenido. *(Miguel avanza, deja la puerta abierta. Escruta la habitación) ¿Qué tal? (Una pausa) ¿Qué tal?, dije. (Miguel vuelve y cierra la puerta, se queda apoyado contra ella, mira a Carlos en silencio. Carlos, molesto)* Y dije: bienvenido. *(Silencio de Miguel. Carlos levanta la voz poco a poco)* Y también, ¿cómo le va?, ¿cómo anda?, ¿qué cuenta? *(Miguel sonríe)* ¡Por fin! ¡Es lento! *(Miguel avanza y se sienta en una silla)* ¡Pero sabe! *(Miguel se levanta, se acerca a la mesa, como si buscara algo. Carlos lo sigue, pegado a sus talones. Nervioso)* ¿Qué busca? *(Miguel no contesta, lo mira. Carlos se arregla la corbata)* ¡Deje de horadarme con los ojos! *(Bruscamente)* ¿Qué? ¿Viene a robar? ¡Acá no va a encontrar nada!

Miguel *(serenamente):* Déjese de joder, viejo.

(Un viejo, miserablemente vestido, abre la puerta exterior y espía muy agachado)

Carlos *(sorprendido):* ¿Cómo? ¿A mí me lo dijo?

Miguel: Sí.

Carlos: ¡Insolente! *(El viejo chista. Carlos se vuelve)* ¿Y usted? ¿Qué husmea?

Viejo: ¿Es acá?

Carlos: Sí, es acá. Adelante. *(El viejo chista. Carlos mira hacia atrás, mira al viejo. El viejo chista)* ¡Pase o le rompo la nariz!

Viejo: Quería estar bien seguro. *(Chista brevemente, como de yapa)*

Carlos *(excedido):* ¡Levántese!

Viejo *(se endereza):* Perdone. Siempre abro las puertas así, agachado. Me prevengo. Si me tiran algo, no me dan en la cabeza.

Carlos *(a Miguel, divertido):* ¡Qué tipo! Astuto. *(Le ofrece una silla)* Ubíquese.

Viejo *(se sienta):* ¿Habrá que esperar mucho? No tengo nada que hacer.

Carlos *(con un gesto):* ¡Kaputt!

Viejo: ¿Qué es eso?

Miguel: Que está para el cajón, viejo.

138

Viejo (ofendido): ¿Yo?

Carlos (a Miguel): ¿Sabe escribir a máquina?

Miguel (atento a la puerta de foro, abstraído): Sí.

Viejo (a Miguel): ¿Usted también? *(Se levanta)* ¿Estoy para el cajón, yo?

Carlos: No, viejo. Siéntese. Repose el esqueleto.

Viejo: ¿No puede decir el cuerpo?

Carlos: Bueno, repose su juventud.

Viejo (satisfecho): ¡Gracias! *(Se sienta)*

Carlos (se sienta en el sillón. Sonríe, se balancea, contemplándolos. De pronto se incorpora y va hacia ellos): Permiso. *(Los hace levantar, coloca las sillas bien pegadas contra la pared)* Así está bien. *(Miguel y el viejo se sientan. Carlos vuelve al sillón, se hamaca, muestra una sonrisa débil, la agranda hasta que se le endurece)*

Miguel (lo mira): Está contento.

Carlos (con la dentadura al aire): Sí, hay trabajo y me pongo contento.

Viejo (a Miguel): Es simpático.

Carlos (al observar que Miguel saca un libro del bolsillo y comienza a leer. Muy sorprendido): ¿Qué hace?

Miguel: Leo.

Carlos: ¡No se me había ocurrido! ¿No tiene un diario?

Miguel: No.

Carlos: ¡Buena manera de perder el tiempo! *(Miguel levanta los ojos y lo mira. Carlos, agresivo)* ¡No se haga el mudo! "Perder", dije.

Miguel: Bueno.

Carlos (ríe estúpidamente. El viejo lo acompaña. Miguel lo observa, atento. Carlos, muy nervioso): ¡Qué aburrimiento de la gran puta! Perdón. Si por lo menos tuviera una máquina de escribir. *(Simula el ruido de una máquina de escribir, pero el ruido semeja más al tableteo de una ametralladora)* Tatatá, ¡pom! ¡Ring! Taca-taca-taca, ¡pom!

Viejo (dulcemente): ¿Qué ruido hace, niño? Cabeza fresca. *(Miguel ríe y vuelve al libro)*

139

Carlos (furioso): ¿Yo? ¿Cabeza fresca, yo?

Viejo (disculpándose): Es joven. No la tendrá podrida.

Carlos: Como usted.

Viejo (amable): Bueno... si usted lo dice. *(Se toca la cabeza)* Después de un tiempo, es difícil asegurar lo que uno tiene adentro.

Carlos: Este me hincha con el librito. *(Se acerca a Miguel)* Dígame, ¿por qué no habla? ¿Somos palos?

Miguel (amable): Hablemos, cómo no. Cuénteme algo.

Carlos: ¿Yo? No, no, m'hijito. Y cuanto menos sepa, ¡mejor! *(Desvalido)* Después... me cuesta menos.

Miguel: ¿Qué?

Carlos (bruscamente, al viejo): ¿Son cómodas las sillas?

Miguel: No, no son cómodas.

Viejo (palpa su silla sin levantarse): Sí.

Carlos (como si comunicara algo trascendental): Tengo ganas de... ¡sentarme en una silla! ¡Aunque me cueste la vida! *(Ríe histéricamente)*

Miguel: Siéntese.

Carlos: No. Tengo hasta un ascensor personal. ¿Cómo voy a ocupar una silla cualquiera? ¡No aguanto tantos privilegios! Ya en la escuela me reventaban. Solamente te regalo una rosa, y la maestra me daba un beso, me pasaba la mano por las greñas. ¡Qué tiempos!

Viejo: Todo tiempo pasado fue mejor.

Carlos: Macanas. *(Aterrado)* Dios mío, cómo... *(Descubre algo debajo de una silla. Recoge una pequeña cartulina blanca. Lee)* Contador. ¡También un contador! No lo hubiera creído. Parecían reos. *(Va volteando las sillas mientras habla con una sombra de indignación)* Vinieron, ocuparon las sillas y se marcharon, uno por uno, ¡por allá! *(Tiende la mano hacia la habitación cerrada, pero cuidando de no señalar la puerta)*

Miguel: ¿Y después?

Carlos (lo mira, ríe): ¡Qué sé yo! Permiso. *(Hace levantar a Miguel y al viejo para voltear sus sillas. El viejo se sienta*

140

en el suelo) ¡Levántese, idiota! ¿Qué modos son esos?

Miguel: Los suyos.

Carlos (recapacita): Precisamente. *(Al viejo)* ¿Cómo se va a sentar en el suelo?

Miguel (levanta una silla y se sienta): Déjelo sentar.

Carlos: Me entusiasmé. *(Limpia una silla, se la ofrece al viejo)* Es suya. *(A Miguel)* Lo mismo digo.

Viejo (contento): ¡Gracias! ¿No podría prestarme el sillón?

Carlos (amable): Confórmese. El sillón es mío. *(Le toca la ropa miserable)* A usted lo van a llamar en seguida. Basura.

Viejo (desorbitado): ¿Cómo?

Miguel: ¿Para qué lo quieren?

Viejo: ¿A mí? ¡Mire qué brazos! *(Los muestra, tratando de arremangarse infructuosamente)*

Carlos (helado): Y yo me voy a quedar acá. *(Se acerca al lugar donde cayó el hombre, se inclina hacia el piso, observa. Al viejo)* ¡Venga!

Viejo (diligente): ¡Sí, señor! *(Se acerca. Masculla)* Basura me dijo, ¡puto!

Carlos: ¿Ve algo?

Miguel: Una mancha.

Carlos (lo mira, agresivo): ¿De qué?

Viejo (rápido): ¡Sopa!

Miguel: Hay una mancha.

Carlos (desanimado): Trabajé como un perro, rasqueteando.

Viejo: ¡Enceró! No es trabajo para usted. Yo puedo hacerlo, ¡mejor! Usted... *(no sabe qué decir)* usted... ¡tiene una situación de privilegio!

Miguel ¿De qué le sirve? No hay que ser tan oreja, viejo.

Viejo: ¿Oreja? ¡Se lo digo sinceramente! *(A Carlos)* ¿Quiere que le levante las sillas?

Carlos: Bueno. *(Abstraído)* Se marcharon, uno por uno, ¡por allá! *(Señala hacia el cuarto cerrado, con la mano abierta y rígida. Con un esfuerzo, logra finalmente señalar la puerta)*

Viejo: ¡Contentos!

Carlos: No. Muertos de frío. Y a mí, me trajeron una estufita. ¿Por qué? Simpatía personal, altos estudios, buena presencia. *(Se estremece)* Y la necesitaba. *(Enojado)* No la buena presencia. Calor. *(Tiembla)* Cada vez, me lavaba las manos. ¿Por qué estaban tan tranquilos? Pacientes. Un poco de paciencia está bien, pero, ¿eh? Mucha, ya es otra cosa.

Miguel (que ha estado escuchando con los ojos fijos en el libro): ¿Qué hacían?

Carlos: Nada. Así hacían, *(arrastra los pies)* leían, o... bailaban... *(Tararea un can-can, baila)* ¡Pero míreme!

Miguel (lo mira): Siga.

Carlos (desolado): Mucha paciencia es... *(Se encoge de hombros)* "Vendrá la muerte y tendrá tus ojos..." *(Se toca los párpados cerrados)* ¿Por qué no, mis ojos? *(Abre los ojos, se yergue)* Bueno, es así. Unos nacen con corona o... aureola en la cabeza. Y otros no. Inexplicable. No es asunto mío, no es asunto mío. Ya lo dije. He nacido en cuna de oro, ya en la escuela tenía bancos de oro, compañeros de oro... ¡Así es la vida! *(Descubre algo en el suelo)*

Viejo: ¿Qué es?

Carlos: ¡Una hormiga! ¿Qué hace esta pequeña asquerosa acá? *(La recoge)* Inverosímil. ¿De qué se alimenta? No hay plantas, nada verde...

Viejo (lo interrumpe, feliz): ¡La yerba!

Carlos (sin escucharlo): ...salvo mis ojos. *(La observa)* ¡Y qué negra! *(La deposita sobre la mesa, la corta con la uña)* La cabeza, las patas, dura y eléctrica. No tiene nada adentro, ni estómago ni nada. Ni pretensiones.

Viejo: ¿Para qué la mató?

Carlos: ¡Buena pregunta!

Viejo (se siente alentado): ¡Pobre ser indefenso!

Carlos (perdiendo el placer): Soy yo el que tiene... el rábano... por las hojas. ¿Qué ventaja? Ja, me pregunto qué ventajas he obtenido. Muy bien, Carlitos, me llamo Carlitos: laurea con cude, *(se va desconcertando)* o cule... o culo. No era

así... He hecho estudios, pero... ¡No aguanto el privilegio!
Otros sí, engordan. *(Se mira)* ¡Qué flaco! Las penas me
consumen. *(Con terror, bajo)* ¿O la pena? *(Sonríe)* No,
las penas, dije. Estoy aparte. Pero... ¡Joroba estar aparte!
(Patea la estufa. La endereza. Busca desquitarse con al-
guien. El viejo lo observa atento, servicial. Miguel man-
tiene la vista fija sobre el libro, pero es evidente que no
lee. Lo chista) ¿Por qué lee tanto? ¿Es interesante?
Miguel: No leía.
Carlos (feliz): ¡Ah, se mandaba la parte!
Miguel: Es duro esperar. No me veo arrastrando los pies.
Carlos: ¡Yo sí lo veo!
Miguel: Puede ser. También puede ser que baile. Pero yo no
   quiero.
Carlos: ¡Ah, ah, habla como un idiota! ¿Y qué importa no
   querer?
Miguel: Así se empieza.
Carlos: ¿Qué? *(No espera respuesta. Al viejo, que está a punto*
   de encender un cigarro ordinario) ¿No leyó el cartel?
Viejo: ¿Qué cartel?
Carlos: Ese.
Viejo: No sé leer.
Carlos (levanta los ojos al techo): ¡Señor, la gente que me
   toca! Dice: prohibido fumar.
Viejo (aprovecha y da unas pitadas): ¿Sí?
Carlos: Apague esa cosa maloliente.
Viejo: ¡Está bien! ¿No puede hacer una excepción?
Carlos (sorprendido y casi alegre, a Miguel): ¿Ve? ¿Ve? Este
   sí aprovecha el tiempo. ¿De qué sirve la cultura? ¿La
   instrucción? ¡Bien, viejo! ¡Usted es fenómeno! (Le saca el
   cigarro y lo aplasta contra el suelo, pero sin agresividad,
   contento. El viejo lo recoge, lo limpia y se lo guarda en
   el bolsillo)
Viejo: ¿Puedo ir al baño?
Carlos: No.
Miguel: Déjelo. Vaya, viejo.

Carlos (admirado): ¡Pero ustedes son bárbaros! Distintos. Todos se metían allá y salían de nuevo, acá. Ninguno se
metió en el baño. Retenían. *(Furioso)* Yo me metía en el
baño. ¡Yo!

Viejo (contento): ¡Tiene la vejiga floja!

Carlos: ¡Imbécil! Por otra razón.

Viejo (sujetándose): ¡Me hago encima! *(Corre hacia el baño)*

Carlos: Yo estaba siempre aquí.

Miguel: Demasiado aguante.

Carlos (tímidamente): ¿Cree...? Me faltan... *(Se señala el sexo)*

Miguel: Ya lo sé. Se le ve a la legua.

Carlos (ofendido): ¡Gracias!

Miguel: Quiero un vaso de agua. Tengo sed.

Carlos: Agua, ¿de dónde? ¡Y no puedo invitarlo a tomar mate!
Me gustaría. No es higiénico, pero...

Miguel: Termínela. Le pedí un vaso de agua.

Carlos (ríe): Tomar mate con el viejo, ¿se imagina? No, no,
es más fuerte que yo. ¿Le vio la boca? Parece llena de
moho. Y yo... ¡yo tengo estómago! *(Desesperado)* No soy
una bestia. Salían y me acercaba.

Miguel: ¿Y antes?

*Carlos (se le acerca confidencial, va a sentarse en una silla,
pero no se atreve, se acuclilla):* Los atend... *(Recapacita,
se incorpora)* ¡Asunto de ellos! Como su agua. No hay.
Los tocaba, me enroñaba todo, y después, tenía que correr
al baño, lavarme las manos. Me lavé las tripas con tanto
mate. Prohibido fumar y no fumaban. Ni pío. Aceptaban
todo.

Miguel: ¿Qué aceptaban?

Carlos (desafiante): El empleo. *(Ríe)* Oficio ingrato. Verlos.
¡Qué montaña formaron! Se aplastaban. Tenían lugar de
sobra, pero no, muy inteligentes, todos en el mismo sitio.
"Vendrá la muerte y..."

Viejo (vuelve, contento): ¡Ya hice pis!

Carlos: ¿Quién le preguntó algo?

Miguel: Me parece que usted quiere que le rompan la cara.

144

(Lo golpea suavemente)
Carlos: ¡No me pegue!
Miguel: ¡Ni lo toqué! ¡Párese derecho! *(Lo alza)*
Carlos: ¡Sí, sí, me tocó! Yo no me metí con usted. No nací
para pelear. Soy... ¡puro esqueleto! *(Miguel menea la ca-
beza, vuelve a sentarse)*
Viejo: ¡Yo lo vi! Le dio un ñoqui en la jeta.
Carlos: Tenga cuidado. Ocupo otra posición. Se lo dije. Me
pide agua, ¡me pega! Primero mucho orgullo y después...
Miguel: ¿Después?
Carlos: Quiere saber, ¿eh? Una basura, como ésta. *(Señala al
viejo)*
Viejo *(para sí, indignado)*: ¡Carajo!
Carlos: Ni siquiera saben dónde caerse... muertos. *(Ríe)* Formaron una montaña. Y tenían lugar de sobra. Uno podía
haberse tirado allí, y otro allá, bien estirados, cómodos,
fumando... No, fumando, no. Podían haber usado las sillas.
¡Para eso están! Pero no, muy inteligentes, juntos como
carneros. *(Con una especie de pavor)* Me sonreían... Que-
rían congraciarse... o disculparse... ¿De qué? Y ahora...
¡ustedes! *(Grita, furioso)* Señores, al primero que ensucie
el piso, ¡lo reviento! *(Miguel se incorpora. Carlos se asusta,
ríe)* Tranquilo. Arréglense. Miro para otro lado, canto.
Tengo buena voz.
Viejo: ¡Yo también!
Carlos: Si uno canta, los otros callan, si uno no mira, los otros
no existen, si otros revientan, uno... vive...
Viejo *(feliz)*: ¡Sí, lo mejor es vivir con inteligencia!
Miguel: Cállese, viejo.
Carlos *(sonríe)*: Me hago otro mate. Perdón, solo. Sí, hay que
aceptar los vicios, amarlos. *(Se prepara el mate, canturrea
con una angustia histérica. Se observa la mano)* ¡Pucha!
¿Qué tengo acá? Un pedazo de hormiga pegado. *(Lo hace
saltar)* ¡Inmundicia! Yo les levantaba la cabeza cuando
salían de... allá. *(Señala vagamente)* Lo que me daba asco
era el disfraz.

145

Viejo: ¿Es una agencia de actores? Puedo hacer un caracterís-
tico.

Carlos (sin mirarlo): No.

Viejo: No le voy a hacer competencia.

*Miguel (lo toma suavemente por el hombro, lo obliga a sentar-
se):* Siéntese, viejo. Fume. *(Se sienta a su lado)*

Viejo: ¿Sí? *(Pero no se atreve)*

Carlos: ¡Fume! *(Pega con el puño sobre la mesa)* ¡Mando yo!

Viejo: ¡Gracias! *(Saca el cigarro y lo enciende)*

Carlos (empequeñeciéndose): ¡Qué época confusa! No se sabe
quién es quién... Y yo... yo me ensuciaba las manos porque
no quería que la sangre se fuera rápida... ¡Cómo corre, la
madona! *(Acerca los pies a la estufa)* Tenían frío, pero
ninguno se acercó a la estufa. ¿A ver si dice: "prohibido
estufarse"? No. Nada. Parcos en letreros. Pero, claro, ¿para
qué? Tienen los letreros metidos acá, *(se toca la cabeza)*
en culo. Bienvenidos. ¿O ya los saludé?

Viejo: Nos saludó, señor. Sí, nos saludó.

Carlos: ¡Qué duda! Un rato de compañía me viene bien, soy
sincero. *(Amablemente)* Señor, no se puede fumar.

Viejo: Bueno. *(Apaga el cigarro)*

Carlos (a Miguel, que lo mira con insistencia): Ya me conoce
bien, ¿no? ¿Quiere jugar a las cartas?

Miguel: No sé jugar.

Carlos (despectivo): ¡Y lee! *(Miguel se levanta y se dirige hacia
la puerta del cuarto cerrado, como si hubiera tomado una
decisión. Carlos se abalanza y se le pone delante)* No se
ofenda. ¡Qué carácter! Respire hondo, disfrute.

Viejo: ¡Yo también! *(Estira los brazos, aspira, espira)* ¿Por
qué no me mira? *(Toca a Carlos en el hombro)* Míreme.
*(Repite el ejercicio torpemente, sin que le presten atención.
Deja caer los brazos, muy desanimado)*

Carlos: Por mí. Otra vez, no. Espectador, no. Oficio ingrato.
Verlos. ¡Rajen! *(Miguel avanza hacia la puerta. Carlos lo
sujeta, aterrorizado)* No, no... Para... *(no sabe qué puerta
señalar)* Siéntese. Estoy un poco... *(se toca la sien)* ¡Pero

no soy un imbécil! Cursé el bachillerato, me eduqué en artes y... ciencias. *(Mientras habla, empuja suavemente a Miguel y lo aparta de la puerta)* ¡No entiendo por qué se disfrazaban! Dudoso gusto. Todo lo que es indefinido, me aterra. Y... *(Mira a Miguel)* Usted... sabe.

Miguel: Sí.

Carlos (sonríe): Claro, lee mucho. Agatha Christie. Esa descubre todo. Venían con... *(ríe con una risa ahogada que parece un rebuzno)* con peluca y... y la boca pintada.

Miguel (tenso): ¿Por qué?

Carlos: ¡Gustos!

Miguel: ¿Por qué eso al final? *(Se afloja sobre la silla, lívido)*

Carlos (contento): ¡No sabe todo! ¿Por qué "yo" tenía que verlos? Está bien que sea un acomodado, el mate, el sillón, la estufa. Está bien, no digo nada. Pero... ¡es un poco fuerte! El primero me heló... la sangre ¡Corno!, cómo goteaba... sangre. *(Ríe temblorosamente)* ¡Juego de palabras!

Viejo: ¡Me gustan! Hago palabras cruzadas.

Miguel (grita furioso): ¿Por qué no se calla?

Viejo (a Carlos. Ofendido): ¡Mírelo a éste!

Carlos (bajo): ¡Qué goteaban! Era un río. Suerte que estamos cerrados, de arriba abajo, adelante y... *(lleva la mano hacia atrás, no termina el gesto)* Tenemos cuatro litros o... cinco litros o.... *(se mira la mano)* y parece que no tuviéramos nada. Pensaba de un tipo ahí sentado: ése no tiene sangre, y de pronto, como una ballena, largaba un chorro. Me sonreían y... y yo... yo no le veía la gracia. ¿Por qué tan buenos, por qué tan pacientes? *(A Miguel)* Usted mismo, ¿qué hace?

Miguel (tarda en contestar, luego): No soy paciente.

Carlos: ¿No?

Miguel: No.

Carlos: ¡Marmota! *(Como tratando de avisarle algo)* Todos fueron para allá y volvieron. Todos. *(Furioso)* ¡Y yo acá! Tener privilegios está bien, pero no hay que excederse.

Hay una condición humana. Estamos en un barco... que se hunde. Se dice así. En el mismo pozo... y yo saltando fuera del pozo, como una rana. ¿Qué soy? Madre mía, ¡qué solo! Venían de allá, disfrazados, y se morían a mis pies, de una manera... Vendrá la muerte y... Yo les levantaba la cabeza, no podía verlos morir así, quería... ayudarlos.

Viejo: ¿Qué le pasa?

Miguel: No así. ¡Maldito sea, idiota! ¡No así!

Viejo: ¡Lo insultó!

Carlos: ¿Y cómo?

Miguel: ¿De qué servía?

Carlos: No sé... Ocupaban mi lugar. ¡Qué impotencia! *(Mira con espanto a los dos)* Y ahora... debo pasar por eso otra vez... *(Ríe histérico)* Con ustedes... *(El viejo se deja caer lentamente de la silla. Atemorizado, se cubre la cabeza con los brazos)*

Miguel (se inclina hacia el viejo, lo toca): Cálmese, viejo. Está desvariando.

Carlos: ¿Yo?

Miguel: Tiene miedo y desvaría. No pasará nada.

Carlos: ¡Usted! ¡Usted estará chiflado! ¡Lo quiero ver! *(Recapacita)* No, no quiero verlo... ¡otra vez! Hablan mi idioma, son de mi raza. No quiero escapar.

Miguel: ¡Pero está agarrado! Salga a la calle, váyase.

Carlos (ríe, como de una broma): ¿Y después? ¿Quién me da de comer?, dígame.

Viejo: ¿Y a mí?

Miguel (sin mirarlo): También usted.

Viejo: ¿Quién me da de comer?

Carlos (feliz): No contestó. *(Lentamente)* No se va nadie.

Miguel: No se va nadie.

Carlos: ¿Y entonces? ¡Me está cargando! *(Hay un leve temblor de luz)* ¡No quiero verlo otra vez!

Miguel: No lo verá. *(Se dirige hacia la puerta del cuarto cerra-*

do. Queda inmóvil un momento, luego golpea fuertemente)

Carlos: ¿Qué hace? Tenía sed, le sirvo un mate. En serio. *(Revuelve las cosas sobre la mesa)* ¿Un cigarrillo? *(Busca febrilmente en los bolsillos, no encuentra nada)* Igual no se puede fumar. Lo había olvidado. Espere por lo menos... a que lo llamen. Tome. *(Le tiende un mate vacío, la bombilla bailotea en la calabaza. Miguel abre la puerta y entra. La puerta vuelve a cerrarse. Carlos, tratando de animarse después de un segundo de estupor)* ¡Lindo! ¡Qué tipos! ¡Nunca había visto tipos así! *(Silba torpemente, la vista clavada en la puerta)*

Viejo: No es justo.

Carlos (sin apartar la vista de la puerta): ¿Qué?

Viejo: Meterse primero. Hay acomodo.

Carlos (canturrea): Dulcemente, te regalo una rosa...

Viejo (riéndose): ¿A mí? No soy una mujercita. Regáleme plata.

(La puerta se abre)

Miguel (en el dintel): No hay nadie. *(Cierra)*
  (Un silencio)

Carlos (con un hilo de voz): ¿Qué?

Miguel: No hay nadie. ¿Qué había adentro?

Carlos (bajo): No sé.

Miguel: ¿Quiénes?

Carlos (id): No sé. *(Una pausa)* No entré nunca. Habrán ido a tomar un café, ¿no cree? Son... ¡dueños!

Miguel (lo mira, furioso): ¡Qué maldito cagón es usted!

Carlos (incrédulo): ¿Yo?

Miguel: ¡Sí, usted!

Carlos: ¡Va a ver! ¡Yo le voy a mostrar..! *(Con súbita decisión, se dirige hacia la puerta y abre. Mira y cierra enseguida. Se apoya contra la puerta, lívido. Un silencio. Trabajosamente)* Tiene... razón *(Sonríe)* En las dos cosas: cagón y nadie.

Viejo (feliz, a Miguel): Si no lo tomaron, váyase. ¡Me quedo de único postulante!

Carlos (a Miguel): Tiene razón. *(La luz tiembla. Demudado)* ¿Ve? Están.

Miguel: Nosotros.

Carlos: Ellos.

Miguel: Usted los inventa. No hay nadie.

Carlos: ¡Qué invención! Pudo ser, pero ahora... Ahora existen, ¿eh? Usted es... ¡Bárbaro! *(Humilde)* Pero, ¿qué podrá hacerse con gente como yo, con todos los que esperaban... mansamente? Un empleo, estar aparte. Siéntese, por favor, siéntese. *(Miguel lo mira, luego, bruscamente, aparta una silla y se sienta)*

Viejo (se acerca a la puerta del cuarto cerrado, se agacha, abre, espía por la hendija y vuelve a cerrar. Decepcionado): ¡Sólo vi patas de sillas!

Carlos: ¡Cierre! *(Se frota las manos. A Miguel)* ¡Volvemos al principio! Se lo dije. Soy un privilegiado.

Miguel: ¡Cállese!

Carlos: ¿Y en qué nos entretenemos, entonces? Esto es una ganga. Tomo mate. ¡Me dan de comer también!

Viejo (ansioso): ¿Sí?

Carlos: Milanesas y zapallitos rellenos. ¡Me arruinan la digestión con tanto frito! *(Va hacia la mancha en el piso y la refriega furiosamente con los pies)* Acá, se paraban acá. Y yo me acercaba y les ponía las manos sobre la herida, siempre heridos acá, y les miraba los ojos. Lloraban, cagones. Usted me dice a mí, pero eran ellos los... Y yo, ja, ja, tenía que gritar. Y no por la sangre, me ne frego, sino por las lágrimas. La sangre se aguanta, pero las lágrimas. Dios mío, qué humillación llorar, ver llorar. *(Grita. Se cubre la boca)* ¿Por qué tengo el privilegio?

Miguel: ¿Qué privilegio? No tiene ninguno.

Carlos: ¡Comer frito!

Miguel: Sólo tiene miserias.

Carlos: Ni siquiera miserias. Si me dejan solo, aparte, nada tiene sentido. Este mundo podrido no tiene sentido. Nada, si es que no puedo... compartir. ¡Manga de idiotas! Yo les voy a enjugar las lágrimas, ¡maricones! Se dejan llevar, están atados. *(Se oyen dos fuertes golpes, Miguel se levanta)* ¡Otro mate! *(Torpemente, manipulea los implementos del mate hasta que deja caer todo)* Caliente y... amargo, sorbiendo sin hacer ruido porque conmigo... no pasa nada. *(Se repiten los golpes. Carlos recoge el mate, lo observa)* Si sigo tomando mate, me orino encima.

Una voz (dulcemente, desde el interior de la habitación cerrada): Venga.

Carlos (mira a Miguel y al viejo. Con un hilo de voz): ¿Quién? *(Silencio)* ¿El viejo?

La voz: Venga, venga usted, querido.

Carlos: ¿Yo?

(El viejo lanza una aterrorizada risita)

Miguel: No vaya.

Carlos (dulcemente): Son fuertes. Mandan... ¿Cómo... no voy a ir? Por lo menos, voy.

Miguel: Quédese acá. Con nosotros. Hágame caso. ¡No vaya!

Carlos: ¿Con ustedes? ¿Y quiénes son ustedes?

Miguel: Dos tipos.

Carlos (levanta dos dedos): No. No me quedaré aparte otra vez. No. *(Lo empuja con la mano abierta. Entra en el cuarto)*

Viejo (alza la cabeza. Tranquilizado): ¿Usted... cree?

Miguel (atento a la puerta cerrada): ¿Qué?

Viejo: ¿Podré hacerme unos mates? Igual... no hay nadie.

Miguel (sin mirarlo): Hágaselos.

Viejo: Tipo loco. Agradable, pero loco. ¿Podré fumar?

Miguel: Sí.

Viejo (se descalza, arrima los pies a la estufa): ¡Acérquese! ¡Yo lo dejo! *(Se prepara el mate. Observa la bombilla)* ¿Estará limpia? ¡Qué amarilla! *(La escupe y la frota con un pañuelo. Ve la taza sucia)* ¿Quién hizo esta porquería en la taza? La tiro en el inodoro. Soy prolijo. *(Va hacia el baño. Miguel permanece inmóvil, mirando hacia la*

puerta del cuarto, que se abre silenciosamente. El viejo
vuelve con la taza limpia en la mano. Aparece Carlos.
Como los otros, está vestido de mujer de la cintura para
abajo. Lleva una falda amplia, colorida, con volados, zapatos con tacos. Peluca y la cara maquillada., Sonríe con
el mismo rictus dolorido. Camina dificultosamente sobre
sus tacos y se para en el mismo lugar donde se detuvieron
los otros. El viejo lo mira y deja caer la taza)*

Carlos: No se asuste, viejo.

Viejo (aterrorizado): Sáquese ese disfraz, sáquese ese disfraz,
sáquese ese...

Carlos (se levanta las faldas como si fuera a bailar. Tiene un
apretado slip rosa. Se balancea. Se ve una mancha de
sangre que crece sobre el vientre y chorrea por las piernas.
Con un esfuerzo, abre las manos agarrotadas, deja caer
la falda. El viejo grita): No... no se preocupe (Vacila y
cae. Miguel corre hacia él, lo sostiene) Estoy... contento...
Ya... no estoy aparte. (Sonríe) Pero... me muero, ¿eh?
(Miguel le sostiene la cabeza, le saca la peluca, le limpia
la boca) Sé lo que está pensando. ¿Por qué... no elegí otra
forma, no? (Miguel asiente con la cabeza) ¿Estoy... llorando...?

Miguel: No. (Carlos muere. Miguel le saca los zapatos. Le
limpia la cara) ¡Imbécil!

Viejo: No lo insulte. (Con una risa temblorosa) Está muerto.
No puede... con... con... testar...

La voz: Venga, venga usted, querido. El más joven.

Viejo (feliz, aterrorizado): Yo... yo me quedo con el mate y...
la.... la estuf... lastu.... lastu....

(Un silencio)

Miguel (apoya la cabeza de Carlos en el suelo. Se dirige lentamente hacia la puerta, se detiene, se vuelve): No. No voy.

Telón

152

El nombre

El nombre

1974

Un banco largo.
Entra María, se sienta. Levanta la cabeza, mirando.

María: ¡Qué lindo sol! *(Tiende la mano como si recibiera lluvia)* Moja... y calienta.
La primera señora fue muy buena. Yo tenía 16 años. *(Se le pierde la mirada en un punto del suelo. Se levanta)* Me parecía que acá había... No, me equivoqué. *(Vuelve a sentarse)* Tenía una pieza para mí, sin ventanas. Linda sí, con una frazada marrón para el invierno y la almohada... blanda. Me dio un poco de asco al principio porque estaba manchada de... no sé, pero le hice una funda y apoyé la cabeza sin acordarme de que abajo había... manchas.
Era como una princesa, ahí, en mi pieza, después del trabajo. Estaba sola, nadie me molestaba, salvo Tito que a veces se despertaba con pesadillas y me llamaba: "¡Ernestina! ¡Ernestina!". No es un lindo nombre.
La señora me dijo: "¿Cómo te llamás?"
Es lo primero que preguntan porque necesitan saber cómo se llama una. Tiran el nombre y una debe correr detrás: "¿Señora?"

155

"María", le dije. Le gustó el nombre, pero me lo cambió. ¿Y por qué no? ¿Qué importancia tiene un nombre? Cualquiera sirve.

Las muchachas no paraban en la casa y Tito podía ser feroz. *(Mira un punto)* Me parece que ahí hay... *(Se sujeta al banco. Lucha por no levantarse)* Miro. *(Se levanta y observa)* No, no hay nada.

(Vuelve a su asiento) Una vez me puso un sapo en la cama, qué susto. Empecé a gritar y la señora se enojó mucho conmigo. Creo que a Tito le dio lástima, quizás porque a él también le gritaban. Tito no era muy inteligente, tenían miedo de que fuera... *(Un gesto)*. Por eso, para no embrollarlo con tantos cambios, todas las muchachas se llamaban igual: Ernestinas. Yo también me llamé Ernestina. No sé de dónde habían sacado el nombre, de una abuela o... *(no recuerda)* Me encariñé mucho con Tito, y él también conmigo, sobre todo después de lo del sapo. No se me despegaba en todo el día. La señora salía mucho y aprovechábamos. Se venía a mi cama, tenía seis años, y dormíamos juntos, con las manos apretadas, como dos perdidos. *(Sonríe)* Me enseñó a jugar a las damas, pero ya lo olvidé. Yo también soy un poco...

Pero después creció. Y para qué, entonces, iba a necesitar a alguien como yo que lo cuidara. Yo no podía cuidarlo en lo importante, en sus penas de muchacho que crece y se hace hombre. Así que la señora un día me llamó y me dijo: "Ernestina". *(Extiende la mano)* Me estoy mojando. Me dijo: "Ernestina, buscate otro trabajo".

Tito lloró, creo que... fueron sus últimas lágrimas de chico. Yo... yo también lloré, menos, ¿no?, porque yo era la sirvienta, no tenía por qué encariñarme. Saqué la funda de la almohada, que era mía, *(seca)* la funda era mía, y me fui. No quise cuidar a otro chico, una se encariña y es tonto, porque los chicos no son de una. *(Se toca el vientre)* Quizás, yo también... ¿no? Me cayó una vieja... No sé si los viejos me gustan. Con ésta no me encariñé. Estaba enferma, le tenía pena, pero no cariño. ¡Ni pena le tenía! No me dejaba dormir, "Lucrecia, Lucrecia", de día y de noche. Creo que... era mala. Enferma y mala. Y bien mirado, ¿por qué no iba a ser mala? La trataban como a un mueble. Apenas balbuceaba "quiero...", le decían: "Callate, mamá. Tenés todo". ¿Cómo podían estar tan seguros? ¿Qué saben lo que a una puede faltarle? *(Levanta con cuidado el pie y lo baja, como si sujetara algo)* Hay algo acá, bajo mi pie. *(Levanta el pie, mira)* No, nada. *(Retoma sin transición)* La pobre vieja no tenía nada, nada propio, ni el sol, el calorcito en invierno que da el sol, tampoco eso.

"Hace frío, sáquela del patio, Lucrecia", me decían, ¿qué sabían ellos cuándo los huesos necesitan sol? Y ni siquiera en verano. La ponían al fresco y la vieja quería sol. No tenía nada. Sólo a mí. Entonces no me dejaba tranquila, porque si a uno le sacan todo, se pone malo y se la desquita con alguien. Me tenía a mí, a quien pagaban para eso, como quien paga la ausencia de un remordimiento.

A mí sí me decía "quiero". "Lucrecia, quiero", "Lucrecia, dame". Porque me llamaba Lucrecia. Lucrecia era una hija que se le había muerto sin que se diera cuenta. *(Furiosa)* ¡Y esto no es una ganga! No se dio cuenta y no se lo dijeron. Yo le hubierta abierto la cabeza de arriba abajo para meterle adentro que se le había muerto la hija. Porque una debe tener sus muertos apretados así, ¡en el puño! *(Abre la mano, mira)* Nada. Y fui Lucrecia. ¿Qué me costaba? Un nombre vale lo que otro. *(Sonríe)* Además, nunca había sido la hija de una señora rica. No la llamaba mamá, pero le celebré el cumpleaños. Los hijos habían venido a felicitarla, ¡pero de comer...! A la vieja se le iban los ojos. "Te hace mal, mamá", decía la señora, y le apartaba la mano. Los otros comían y la vieja tragaba en seco, miraba ansiosa, como un chico. ¿Qué podía pasarle? Una apoplejía. *(Ríe)* Eso fue un sábado y el domingo quedamos solas en la casa. Yo tenía la mirada de la vieja acá. *(Se señala la frente)* Le hice una fiesta. Casi se cae de espaldas. *(Ríe)* En lugar de llevarle la sopa aguada a su pieza, la traje al comedor. Compré todo con mi plata, hasta una torta de cumpleaños. ¡Cómo comió! Primero me miraba como pidiéndome permiso, pero después, ¡directamente al buche! Yo le servía y en una de ésas me dice: "¿Qué hacés ahí, parada como una momia? Sentate". Y me senté a la mesa, con mantel. No sé si en ese momento se dio cuenta de que yo no era la hija, que hubiera tenido como sesenta años, porque estaba achispada y me dijo: "¿No tenés novio?"

A mí me preguntó, que me pasaba los lunes en el cine, sola, viendo cómo los otros vivían juntos, les pasaban cosas juntos. A mí no me pasaba nada, *(ríe)* sólo la vieja.

"No, señora", le dije.

"¡Qué señora! Trago lo que me da una sirvienta. ¡Qué señora!" Y estaba furiosa. Pero la furia se le pasó enseguida. Se puso triste.

"No llegués a vieja", me dijo.

"¿Por qué no, señora?"

"No llegués a vieja. No es lindo."

"¡Qué no va a ser lindo!" Y le encendí la velita de la torta. "Piense un deseo", le dije.

"¿Y se cumple?"

"Sí."

Entonces la vieja me miró fijo y cerró los ojos. ¡Qué cara tenía con los ojos cerrados! Se le borraba la maldad. Parecía buena, desconsolada... *(Ríe)* ¡Tardó tanto en desear algo! "¡Vamos, termínela!", le dije. Pero no abrió los ojos. Me dio miedo. Vaya a saberse lo que estaba deseando. Lloraba. *(Sonríe)* ¡Borrachera de vieja! Y me incliné y le besé la mejilla, sobre las lágrimas, para que no deseara lo que estaba pensando...

Fue la única vez... y no me rechazó. Raro. Porque era mala. Me hacía perrerías. La llevaba al baño, la limpiaba y a los dos minutos... Me tenía loca. "Lucrecia, hija mía, no me vas a heredar", me decía la bruja, "atendé bien a tu mamá". Le hubiera dado cianuro.

Acabó por morirse y no se llevó ni a los vivos ni a los muertos con ella. Una mentira, eso se llevó, aunque pensándolo bien, se moría y me apretaba la mano, y yo quería decirle: "Abuelita, no tenga miedo", pero no podía decirle abuelita, no era nada de ella, y no sé si al final la vieja no se dio cuenta porque me soltó la mano, me largó una mala palabra y se fue sola y bien a la muerte. Sí, una mala palabra. Hija de puta, me dijo.

Suerte que se murió ahí mismo y yo dormí tres días seguidos para desquitarme, y quizás por esto o por la mala palabra, la señora me llamó y me dijo, llorando: "Mamá murió, Lucrecia, no te necesitamos más. Te agradezco, Lucrecia, ¡te agradezco, Lucrecia!"

Y yo también lloré un poco porque me había encariñado con la vieja, *(rectifica, dura)* no cariño, pena, aunque me largó con esa palabra, era su hija, ¿no?, y me encontré en la calle.

Busqué otro trabajo y pensé si podía tener un tiempo mío. ¿Pero cómo tenerlo? ¿Y qué haría con él? La transparencia del tiempo que sólo muestra lo que está vivo... *(Tiende la mano)* Paró el sol. ¿O era lluvia? Y entonces, estuve en varias casas porque no sabía trabajar bien, me echaban. Me quedaba dormida sobre los platos sucios, iba a comprar y me perdía... buscaba... *(Mira)* No sé. En una casa me llamé Florencia porque la señora era de Florencia y quería recordar su ciudad y yo me sentí contenta por un tiempo porque parece que es una ciudad que... *(se olvida)* ¿Cómo? Me enfermé y en el hospital me llamaban La Muda porque hablaba poco. No sabía qué decir. Y después se me dio por hablar. Hablaba como si tuviera a Tito y fuera Ernestina, o cuidara a la vieja y fuera Lucrecia, o tuviera los nombres que me pusieron las señoras, y cuando me acordaba que había sido una ciudad, entonces murmuraba como un río que pasa por la ciudad, y todos se reían de mí y a mí no me gustaba. *(Canturrea con la boca cerrada, meciéndose)* Yo les daba este nombre y no entendían. El sol tiene lindo

nombre. Corto y luminoso, *(cierra los ojos)* me enceguece.
Un médico del hospital me llevó a su casa. Necesitaba una
muchacha. Y la señora me dice, sin maldad, "¿Cómo te llamás?" Yo vacilé un poco, canturreé como el río, y la señora
se asustó. No entendía. Quería un nombre de persona, de
gente. Entonces pensé, para darle gusto, y elegí el nombre
más hermoso: Eleonora. Y la señora, qué casualidad, se llamaba como yo, Eleonora. Y me dijo: "No, te pido un favor,
¿puedo llamarte María? Es tu nombre. María". Y casi sonaba bien como lo decía ella. María. Pero no quise. "¿De
quién es ese nombre, señora? No mío. Cámbiese usted el
nombre. Usted se llama señora, ¡señora!"
(Mira, se inclina, ríe) Acá encontré... Acá encontré, por
fin... *(Se endereza, como si trajera algo en la mano. Mira)*
Nada.
Ni siquiera quise ese nombre, Eleonora. Se lo dejé a ella.
Este no me lo quita nadie.
*Se balancea canturreando, pero de pronto, abre la boca y el
canto se transforma en un largo, interminable grito)*

El viaje a Bahía Blanca

El viaje a Bahía Blanca

1974

Fue estrenada en 1975 en Buenos Aires por la actriz Cipe Lincovsky.

Una silla en el centro del escenario.
Entra la actriz, muy elegante, con un gran ramo de flores.

Actriz: Hermosas flores. Me las regalaron ahora. Saben que
ningún regalo me hace más feliz, aunque tenga que actuar
y... ¡necesite las manos! Pero no pudieron esperar. Virtual-
mente, me sepultan bajo las flores porque... la gente tiene
tal necesidad de manifestarse... Aparece una persona de talento y.... ¡flores y flores! *(Suspira)* Les voy a contar una pa-
rábola. *(Mira las flores. Sonríe)* No puedo desprender la
vista, me hipnotizan. Hermosas flores. *(Ve algo por el aire)*
Una mosca. ¡Qué raro! ¡En un lugar tan bien! Yo, con eso
de los bondadosos, abriéndole la ventana a una mosca, no
la voy. ¿Qué quieren? No lo comprendo. *(Representa,*
abriendo una ventana) Vuela, niña, ¡el mundo es demasiado grande! *(Seca)* No. El mundo es chico. Yo lo siento
chico, apretado como una camisa de fuerza. ¿Ustedes no?
(Con ferocidad) La mosca o yo. *(Le pega con las flores. Se*
recompone. Sonríe, profesional) Les prometí una parábo-
la. Con las parábolas se aprende mucho, aunque a veces
una no se da cuenta del significado, como ésa que dice que

163

hay muchas maneras de despertar, pero sólo una es la cierta. Yo me despierto todas las mañanas igual, con el mismo humor, basta que no haya... moscas en mi cuarto. *(Sonríe, falsa)* Hay tantas parábolas que no se cuál elegir, y por otra parte, siempre es oscuro el significado de las... moscas. *(Sigue el vuelo con los ojos)* Es preferible un cuento. Sí, es más transparente el significado y... ¿Por qué no se irá? Yo soy buena, gentil, actriz comunicativa, ¡maravillosa!, ¡pero no soporto las moscas! ¡Y menos en mi espectáculo! ¡El mundo es tan grande! ¿O dije lo contrario? *(Desesperada)* ¿Por qué tiene que estar acá, esta noche? ¿Qué es lo que quiere? *(Se recompone)* Les contaré un cuento que leí, titulado el viaje a... *(empieza a mirar a la mosca)* Es infame, ¿no? Pero dejémosla, ¡si así vive contenta! Este es el cuento: una vez, en un tren que corría por el mundo, viajaban cuatro hombres y dos mujeres. Conversaban entre ellos, *(sigue el vuelo de la mosca)* menos uno, que estaba callado. Se cambiaron de asientos, menos uno, que estaba ca-lla-do. *(Mientras habla, mira obsesivamente a la mosca, se inclina, siguiendo el vuelo por debajo de la silla, estira cautelosa la mano libre)* Había una chica, llamada Ramona, que mostraba las piernas, y todos los hombres le miraban las piernas, menos uno, que estaba callado. *(Angustiada)* ¿Por qué me hace esto? *(Sonríe, seductora)* Vení, podemos charlar, distraernos juntas. Si no estás conmigo, ¡estás contra mí! *(Le pega con las flores, feroz. Destroza algunas. Retoma el cuento, pero siempre mirando a la mosca)* Conversaron, para pasar el tiempo. Conversaron *(siguiendo a la mosca)* menos uno que volaba, perdón, que estaba callado.

"¿Usted va a la estación de Bahía Blanca?", le preguntaron amablemente. No contestó. ¡Estaba callado! ¡Maldita mosca!

"¿Por qué nos desprecia así?", dijeron. "No somos salvajes. Tenemos la lengua para comunicarnos, ¡hable!"

¡Que no se le ocurra zumbar porque la reviento!

"Antes", dijo Corina, la otra muchacha, "se conocía un

método infalible para que los mudos soltaran la lengua, bastaba mencionarles a la Inquisición. Enseguida se comportaban como personas civilizadas."

(A la mosca, cariñosa) ¿No escuchaste hablar de la Inquisición? Te sacarían las patitas, una por una, te clavarían viva sobre una hoja. Y entonces, confesarías enseguida: zumbé por aquí, zumbé por allá. Pero el mudo no contestó.

"¡Cuernos!", dijo alguien, "nos está provocando." *(Mira a la mosca)* ¿La ven? ¡Me está provocando! *(Pega con las flores)*

"Durante la Inquisición", dijo Corina, "arrancaban las uñas de los pies. También reventaban los ojos con un palito, ¡plum!, y quedaba un agujero."

¿Tienen ojos las moscas? ¡Sí, sí, enormes! ¡Se fue...! ¡No hay como hablar de la Inquisición! *(Feliz)* ¡Se asusta la gente!

Cuando el tren terminó de pasar por un túnel, sobre las rodillas de uno de los pasajeros había aparecido una valija nueva de color amarillo. *(Descubre a la mosca)* ¡Otra vez!

"¿Usted va a la estación de Bahía Blanca?", le preguntaron directamente al que estaba callado. Pero el que estaba callado *(sigue el vuelo de la mosca)* seguía volando y respiraba dulcemente para no despertarse.

"¿Qué hacemos?", dijo Ramona, que en vano le mostraba las piernas al que estaba callado. "No podemos tolerar que nos desprecie de esta manera." "Los dedos del pie", dijo el dueño de la valija y la abrió. Extrajo una hermosa lámpara de soldar. *(Mira a la mosca)* ¿Nadie tiene un terrón de azúcar? *(Desilusionada)* ¿No?

"Hay que sacarle los zapatos", dijo uno, y se arrodilló frente al que estaba callado. *(Se arrodilla, pega en el suelo con las flores)* ¡Se escapó! Me corta el hilo. Se arrodilló, aflojó los cordones y le quitó los zapatos.

"¿Por qué no le dejamos las medias?", propuso Corina. "Guardan el calor y con un poco de suerte la herida podría infectarse. ¡Sería maravilloso!"

El que estaba callado abrió los ojos en ese momento, pero

los cerró enseguida. Sus bellas manos, largas y cuidadas, reposaban sobre una bufanda gris. ¡Yo tengo! *(Saca un terrón de azúcar. Con infinito cuidado, lo deposita sobre la silla. Dulce)* ¡Azúcar! ¡Azúcar! ¡Vení, comé! *(Pega ferozmente con las flores)*

"¿Hablará? ¿Hacemos un último intento?", dijo Ramona, la que mostraba las piernas.

"Sí, hagamos un último intento", aprobó otro y detuvo al del soplete. "¿Va usted a la estación de Bahía Blanca?"

El que estaba callado, abrió un ojo. Y lo cerró.

"Primero debemos quemar las uñas", dijo Corina. "Están adelante y es una cuestión de orden. También resulta más doloroso".

Las medias del que estaba callado comenzaron a arder *(sigue a la mosca con la mirada)* y Corina lo lamentó profundamente, porque reconoció por el olor que eran de pura lana.

"¡Deténganse!", dijo uno, que tenía el corazón blando, "debemos insistir". *(Mira a la mosca con odio)* ¡Oh, si tuviera cianuro! "¿Juega a las cartas?", le preguntó cortésmente. "Lo dejamos elegir: a la brisca o al truco".

Pero el que estaba callado, no contestó.

"¡No sirve para nada! ¡No quiere dejar de volar! ¡Es una maleducada!" *(Se recompone)* "Es un maleducado", dijeron.

"Podemos probar con unas pinzas", sugirió Corina. "En el hueco de la mano encontrarán elementos muy interesantes".

Entonces, tomaron la lámpara y la hermosa llama azul consiguió atravesar el pie justo cuando otro de los pasajeros encontraba el nervio de la mano con la pinza.

"¡Terminará por dejar de volar!", dijo Corina. "Prueben con la rodilla ahora".

Extendieron el cuerpo del que estaba callado sobre los asientos para trabajar más cómodamente. La cara del que estaba callado era ¡toda blanca! *(Mira a la mosca)* Alguien me la mandó.

"¡Es muy duro!" *(La sigue)* Esta mosca. Realmente, el mundo es grande, soy tolerante, pero, ¿por qué tiene que estar acá? ¿Con qué derecho?

"Este se tragó la lengua. No quiere hablar."

"Propongo otro método", dijo Corina, que tenía una inventiva fabulosa.

¡Y así fue pasando el tiempo! Una sugerencia acá, una sugerencia allá. Del que estaba callado no quedó al final más que un pie y un brazo y medio, pero como seguía durmiendo no se podía esperar razonablemente que hablara. Sólo faltaban seis kilómetros para llegar a destino.

Terminaron agotados, ¡pero la moral incólume! Lo habían intentado todo. Sonó la campanada de un reloj y el que estaba callado se sobresaltó bruscamente. Se sentó con gran trabajo, pues la ausencia del muslo izquierdo parecía desequilibrarlo y buscó su bufanda gris sobre la pierna en jirones. Los otros acomodaban sus valijas y se preparaban para el descenso. Los zapatos chapoteaban sobre la sangre del piso y había pedazos de piel por todos los rincones, los más finitos volaban. Entonces, el que estaba callado, *(busca a la mosca con la mirada)* ¿se fue?, sacudió sus cabellos y les ofreció una sonrisa bondadosa.

"No soy muy charlatán, ¿eh?", dijo.

Justo en ese momento, el tren entró en la estación de Bahía Blanca y bajaron todos, tan apresurados que no llegaron a despedirse. *(Consternada y sorprendida, mira las flores deshechas)* ¡Qué barbaridad! ¡No duran nada las flores! *(Sonríe)* ¿Revivirán si las riego?

El cuento del tren está tomado, muy libremente, de un cuento de Boris Vian: "El viaje a Khonostrov".

167

El despojamiento

El despojamiento

1974

Personajes

Mujer
Muchacho

En escena, una mesita con revistas, una silla, un pequeño sillón.

Entra la mujer. Viste con una pretensión de elegancia, falda a media pierna, blusa y una capa corta. Lleva pendientes en las orejas y calza zapatos de tacos altos, torcidos y gastados. Trae una cartera ordinaria y un sobre grande, con fotos.

Habla sonriente hacia afuera:

Mujer: Sí, sí, sé que llegué temprano. No tengo apuro, esperaré. ¡Gracias! *(Para sí)* ¡Cretinos! ¿Para qué fijan una hora? Disponen del tiempo de una como si fuera de ellos. *(Mira a su alrededor)* Podrían tener otra sala de espera con lo que ganan. Miserables. *(Deja la cartera y el sobre encima de la mesa. Se quita la capa. Duda. Se la pone nuevamente. Da unos pasos, piensa, se quita la capa. La dobla y la coloca sobre el sillón. Duda. La deposita sobre el respaldo de la silla. Abre la cartera, saca un espejo, se mira)*

¡Qué ojos! Miro y caen a mis pies. *(Piensa, suspira)* Bueno, no todos ahora... *(Guarda el espejo)* De cualquier forma, en las fotografías no se ven las arrugas, no se ven los dolores... Mentira. ¡Las fotos que me sacó ese infeliz! Me odiaba. *(Ríe bajito)* No se las pagué. Se lo merecía. No me sacó patas de gallo, el gallo entero me sacó. *(Mira alternativamente el sillón y la silla, dudando en cuál sentarse. Elige el sillón)* Pero si no traigo fotos, pensarán que soy una... una del montón que ni siquiera... Son pésimas, pero sirven: traigo el original. Miran y salgo ganando. *(Se desconcierta súbitamente)* ¿O no? "Ah, ¿usted es la de las fotos? ¡No la favorecen, señora! Nadie diría que usted es la muchacha esa, *(va hundiéndose)* la mujer esa... ¡Cómo cambió...!" *(Queda abstraída un instante. Bruscamente, se incorpora)* Espero que Pepe no llegue antes de hora. No le dejé de comer, ¡y qué exigencias tiene! Todo listo, todo a punto. ¡Ni que fuera su sirvienta! No sé por qué lo aguanto. *(Triste)* Lo quiero, debe ser eso...

(Entra el muchacho. Su comportamiento es despersonalizado, como si actuara sólo con objetos, incluida la mujer, que le resultaran indiferentes. Sin atender la sonrisa de ella, que lo mira con un simulacro de seducción, se acerca a la mesa, después de haber localizado el sobre, lo toma y sale)

¡Qué grosero! ¡Podía haberlo pedido! Espero que se fijen en las que estoy bien, ¿en cuáles estoy bien? En casi todas, creo. Estaba más flaca entonces, sin panza. *(Hunde el vientre. Ríe ácidamente)* Sin panza, ¡pero con patas de gallo! ¿Y para qué traje las de jovencita? Amarillentas, la ambición de mostrar que fui otra, sin arrugas, cándida. Verán... cómo envejecí. Estoy nerviosa, qué estúpida. Todo me salió mal. Hasta Pepe. Un pobre tipo. *(Entra el muchacho. Ella sonríe instantáneamente)* ¿Qué tal? ¿Qué les parecieron? ¿Lindas, no? *(Con un gesto que no termina)* ¿Se fijaron en la que estoy junto al mar, la mano tendi...?

(El muchacho se demora un segundo, pasa de largo y sale por el lado opuesto. Ella se queda con la boca abierta de asombro. Se rehace) Un empleado. Siempre cometo estas equivocaciones. Creo que cualquiera vale la pena. Creo que basta ser alguien vestido decentemente y ya está ¡No

voy a aprender nunca! Demasiado ansiosa. Y lo que se re-
quiere es... *(no encuentra la palabra)* condescendencia.
*(Sonríe. Se sienta, cruza las piernas, adopta con esfuerzo
una actitud que supone atractiva. Se endurece en la pose.
La abandona. Abre la cartera, busca)* No traje cigarrillos.
¡Qué lástima! Si fuera a comprar... No, mejor no moverme.
Pueden llegar otras y quitarme el turno. ¿A quién le recla-
mo? "Jódase", me dirán. Podría llamar a un cadete y en-
cargarle... *(Se empequeñece)* ¿Pero cómo decirle que fumo
de los más baratos? Y...y tendría que darle propina.
*(Entra el muchacho. Ella lo percibe un segundo más tarde.
Rápidamente, arma su sonrisa y su pose elegante. El muchacho la ignora, busca algo. Localiza la capa, la toma y se
la lleva. Ella mira sorprendida y se incorpora)* ¿Qué hace?
¿Cómo se permite? *(Lo sigue ansiosa)* ¿La necesita? ¡No me
la arruine, por favor! ¡No es mía! *(El muchacho se detiene y
la observa)* Claro que sí, es mía. Lo decía para que tuviera
cuidado. Dóblela bien. *(Tímidamente, la saca de las manos del muchacho, la dobla y se la entrega)* Queda muy
bien, muy elegante. Se usa. Mi amiga me la presta siempre.
(Rectifica) Yo se la presto a ella. Como si fuera mía. Elegante, ¿no? ¿Para qué la necesita?
(El muchacho no contesta y sale)
Idiota, ¿para qué me disculpé? ¿Para qué di explicaciones?
¡No voy a aprender nunca a callarme! ¡Me cortaría la lengua! ¡Y yo misma se la puse en las manos! Está bien, calma,
una gentileza no puede perjudicarme. Al contrario. Seguro
que la pidió el director. Querrá saber cómo estoy vestida.
Capa, no una cualquiera lleva capa. *(Canturrea muy mal,
contenta)*

> Ven, mi corazón te llama
> Ay desesperadamente
> Ven, mi vida te reclama
> Ven, *(carraspea)* que necesito verte...

¡Qué mal canto! Y es una pena. Sería otra posibilidad. Todos pagan con gusto para que les engrasen los oídos. *(Tara-*

rea brevemente) Sólo que Pepe nunca me deja cantar. "¡Callate, bocina!" Un frustrado, eso es Pepe. No come y no deja que los demás coman. ¿Habrá llegado ya? ¡A qué hora atiende esta gente! Después de las once, como si nadie los echara de la cama. ¿Qué hora será? ¿Si preguntara? ¿Qué puedo perder? *(Digna)* "Por favor, la hora". *(Se contesta).* "¿No tiene reloj?" *(Insegura)* No sé cómo impresionará esto: no tener reloj. Quizás piensen que soy una muerta de hambre. Pepe sí, una lo mira y se le va el alma a los pies. ¡Qué hombre! No luce nada. No le planché la camisa, no le dejé de comer. Pondrá el grito en el cielo. "¿Para qué servís si no puedo tener una camisa limpia?" Como si una estuviera en el mundo para eso, cuando una está para... *(Se agobia. Bruscamente, abre la cartera, saca el espejo, se mira, se toca el pómulo)* No, no se nota. Qué golpe me dio el desgraciado. Cosa de arruinarme. Está negro. *(Se sienta. Nerviosamente, se pone una gran cantidad de polvo sobre el pómulo. Aleja el espejo, se mira)* Creerán que me maquillé mal. *(Se refriega. Se mira, desolada)* ¡Qué estragos! Pero la gente no mira a uno en la cara persiguiendo los moretones, mira los ojos, busca lo que uno es y entonces, con estos ojos... *(ríe)* ¡yo tengo la batalla ganada! Todavía dispongo de un par de ojos que... Cuando vuelva ese infeliz, lo miraré así, *(con patética coquetería)* seductora y... lo dejo duro. "Mocoso, ¿alguna vez viste una mirada como ésta?" No, mejor no hablo. Ninguna familiaridad. ¡Y no me arriesgo!

(Entra el muchacho) Pero puedo preguntarle si le gustaron las fotos y... *(Cruza las piernas, sonríe. Se sube un poco la falda, balanceando la pierna. Intenta mirarlo intensamente. A su pesar)* ¿Y la capa? *(El no contesta)* Tráigame la capa, por favor. *(El se acerca, le saca el zapato que ella balancea en el aire, y se lo lleva. Después de un instante de completo desconcierto, ella se incorpora rápidamente y lo sigue)* ¡Insolente! ¡Venga para acá! ¿Cómo se permite? *(El sale, como si no la hubiera escuchado, dejándola total-*

mente perpleja) ¿Y si me llaman ahora? ¿Qué les digo? ¿Qué balanceaba la pata y me lo quitó? ¿Y si él no está? ¿Si fue al baño? "Me dejé sacar el zapato, señor." ¡Qué situación ridícula! ¿Por quién me toma? No, yo voy y se lo pido. *(Va rengueando hacia la puerta. Se detiene, se arregla la blusa. Vuelve, toma la cartera, va otra vez hacia la puerta y tropieza con el muchacho)* ¡Deme el zapato! ¡A usted le digo! Son nuevos. Me los compré para venir acá. ¡Me costaron bastante! No. No importa. Tengo otros, pero en mi casa. Es que... ¿el director quiere saber cómo estoy calzada? No son muy finos, pero... me gustaron, me encapriché. Habitualmente no los uso. Tengo mejores, de cuero, de gamuza, zuecos, sandalias. Estos se los puedo regalar. No valen nada. No ahora, naturalmente. Pero mañana se los traigo. *(Sin convicción, penosamente)* Tendrá alguna amiguita y querrá... quedar bien. Lo entiendo. Usted entienda que no puedo andar descalza o calzada a medias, ¿no? Salvo que tengan otros zapatos en el vestuario y quieran que cambie éstos porque combinan mejor para... *(El muchacho la mira, inmóvil)* Bueno, ¡ustedes deciden! Para eso estoy acá. *(Humilde)* Dígale al director que me atienda. *(Repentinamente, pero sin brusquedad, el muchacho tiende la mano hacia ella, como si fuera a acariciarla, aunque el gesto está desprovisto de carga emotiva. Ella lo mira en suspenso, como ante un imprevisto gesto amistoso. El muchacho mantiene inmóvil la mano y luego, con un gesto brusco, le arranca el pendiente. Ella pega un grito)* ¡Fíjese en lo que hace! ¡Me lastimó! *(El muchacho sale)*
¡Si estuviera Pepe! ¡Pepe! No, ¿por qué grito? Serenidad. Podía haberme arrancado la oreja. ¿Y si fueran de oro? ¿Eh? ¿Si fueran de oro? Se darán cuenta de que son una porquería. Puestos disimulan, parecen finos. Al menos le hubiera dicho que los auténticos están en casa o en el banco, en una caja fuerte. ¿Pero por qué no vienen acá y me ven toda entera? Cuando me toque el turno, lo primero que

digo: ese empleado que tienen es un bruto, un bruto sin educación. En mi época se... se trabajaba de otra manera. Lo mandan y obedece. No, hace lo que quiere. Ir hacia la gente y tratarla como una basura. Conmigo está frito, se encontró la horma del... zapato. Serenidad, Negra. Prueban para ver hasta dónde una es capaz de... Señora, vendrán a decirme, usted tiene una serenidad asombrosa. La felicitamos. *(Perpleja)* ¿Pero para qué necesitan serenidad? Yo puedo desempeñarme bien, sé moverme, no hay papel que me quede chico, grande. ¡Y cómo fotografío! Aunque no sepan poner luces, mi cara es luminosa por naturaleza, por piel. *(Se saca el otro pendiente, va a guardarlo en la cartera. Duda, se lo coloca nuevamente)* ¡No saben lo que se pierden si no me toman! ¡Y tengo tantas ideas! Cuando vuelva se lo diré, las ideas nacen en mí, a patadas, como flores. "Negra, ¡qué imaginación tenés!", se admira Pepe. Es otra ventaja en este oficio: me dan un guión y lo enriquezco. ¡La gente tiene una esclavitud en la cabeza! ¡En cambio yo! ¡Vuelo! Aquella historia, ¿te acordás, Negra? La muchacha iba a casarse con un novio pobre porque pensaban, los idiotas, el amor siempre triunfa. Con plata triunfa mejor. Así, me fui como una flecha al director, ¡conozco tanto la vida!, y le dije: No, que el novio pobre sea millonario, él abandona todo por ella, casa, familia, posición, todo, menos los millones. Y después la perdonan, la madre de él la perdona, la llama hijita, ¡y cuando llegan los nietos! *(Suspira dulcemente)* ¡Qué éxito tuve! El director me dio un beso y me dijo: "¡Sos una alhaja, Negra!" La última vez que fui alhaja para alguien. Me acuerdo de cómo era antes. No llegué al cine por casualidad, mala suerte. Hacía ingenuas, muchachas enamoradas. Hasta que la cara se me llenó de plomo. Las chicas del barrio me miraban con la revista abierta y se mataban de risa. ¡Putas! Y de ingenuas a ahora... nada. Salvo los golpes de Pepe... y el amor de Pepe.
(Entra el muchacho, la mira) ¡Apareció! ¿Y? ¡Estoy esperando! ¡Devuélvame lo que se llevó! ¡Todo! ¡Y casi... me

176

arrancó la oreja! Si me arruinan la capa o me la pierden, me... ¡me van a conocer! Es una capa que cuesta mucho, que... ¡ni siquiera es mía! ¡Tráigala ahora, ya mismo! ¿Qué son acá? ¿Ladrones? ¿Dónde caí? ¿En una cueva de foragidos? *(El muchacho da media vuelta para marcharse)* ¡Venga para acá, sinvergüenza! ¡Contésteme! *(El muchacho se detiene y la mira. Una pausa. Ella se desarma)* No quise decir esto. Me... me arrebaté. Podía ser más cortés, no le voy con pretensiones, entonces, ¿por qué abusar? Y espero sin impacientarme, lo ve. En cuestiones de trabajo puedo esperar el tiempo que quieran, el tiempo no significa nada para mí, le presto la capa, sí, ¡se la presto!, pero... cuando me llame el director, quiero estar... *(termina con un gesto. El muchacho le señala la falda, impávido. Ella se mira, lo mira)* ¿Qué quiere? ¡Usted está loco! Grito. ¡Váyase! *(El muchacho da media vuelta y sale)*
¡Pero qué..! *(Recapacita)* ¡Oh, Dios mío!, ¿qué hice? Lo eché. ¿Y ahora? ¡Qué manera estúpida de perder la cabeza! Siempre la misma. Este carácter que no puedo dominar y... ¡así me va en todo! Pero por qué no me avisan que necesitan una... no sé, una vedette. Está bien, ¡si yo no me opongo! El trabajo es... trabajo, una tiene que estar dispuesta a ser... flexible. Está bien. ¡Desnuda, no! Vedette, bueno, todavía sé levantar la patita. *(Lo hace)* Si me viera Pepe. "Ojo con lo que vas a hacer. Traeme las fotos, Negra". Es fácil pedir para él. Un trapo de piso, eso es una. No tanto, no yo que, por lo menos, todavía me hago respetar. Hice bien en pegarle cuatro gritos. ¿Qué creen? ¿Qué no tengo carácter, que me van a pisotear? *(Sonríe)* Me acuerdo aquella vez, cuando Pepe me pegó hasta dejarme de cama, y las vecinas llamaron a la policía y yo dije: "Aquí no pasó nada, me caí de la escalera". *(Ríe)* ¡Se quedaron con un cuarto de narices! Y Pepe vino y me besó. En cambio, si lo hubiera acusado, ¡pobre Pepe!, ¡qué humillación! Para él, para mí. *(Queda abstraída un segundo)* Para mí, ya humillada por dejarme golpear. *(Pausa. Tararea)* Una vedette en fotos

puedo hacer, es como subir de categoría. Me pagarán más, seguro. *(Canta y baila torpemente)* ¡Si Pepe me ve, me achura! *(Ríe)* Le doy el nombre de otra revista, la compra, ¡y nada! No estoy. Pero si son postales donde... ¡Desnuda, no! Me mata. Pretende señoras, amas de casa, mamás de jovencitas. ¡Abuelas! Nunca quiso que posara desnuda, me controlaba los escotes. y ahora tiene un buen pretexto. *(Ríe ácidamente)* "Estás muy arrugada para ponerte desnuda." ¡Cretino! ¿Por qué tiene que enterarse? Puedo mentirle, protegerlo... *(Abre bruscamente la cartera)* Me pinto más. Este maquillaje es muy discreto y mi piel ya... Saldré muy pálida, anémica. *(Se maquilla burdamente)* ¿Cómo me saco estas ojeras? ¿Estas manchas? ¡Podrían tomarme las pruebas y terminar de una vez! ¿Qué es lo que quieren? ¿Cómo debo comportarme? *(Se hunde)* ¿En qué lugar dice cómo una debe comportarse? ¿En qué lugar?

(Entra el muchacho. Rápidamente, ella guarda la polvera en la cartera y la cierra. Se incorpora, sonríe) Discúlpeme. Estaba nerviosa. ¿Qué hora es? No, no tiene importancia la hora, se lo dije. Puedo hacer cualquier trabajo. Pensé que era algo más serio, no, más serio no. Más de acuerdo a mi edad, no a mi edad, a mi experiencia de.... ¡Incluso sé bailar! ¡Cantar no! *(Ríe)* Bueno, una no canta en las fotos, no... *(El muchacho se acerca, trata de arrancarle la falda)* ¿Qué hace? ¡Largue! *(Se resiste)* ¿Pero qué pretende? ¡Suelte! ¡Le digo que suelte! *(Se aleja. El muchacho le señala la falda, impávido)* ¡Pero termine de arrancarme cosas! ¿No le enseñaron educación? ¡Pídame lo que necesite! ¿Quién creen que soy? ¡Pueden ser más amables!.., pueden ser más... delicados... ¿Qué cuesta? No cuesta nada, usted me dice... el director está ocupado, necesita saber cómo usted está vestida para decidir si... sirve, si ya mismo puede... quedarse. ¡Y yo se la doy! Cada uno trabaja como mejor le conviene. Yo de métodos no conozco nada. Supongo que así es... más rápido, más efectivo. ¡Tome!, se la doy. *(Se desprende la falda y se la entrega)* ¿Ve? Tan amigos. ¿Por

qué me va a enfurecer si con un poco de delicadeza, uno se entiende y trabaja mejor? *(El muchacho sale)* Contentos. En cambio, si tiene el atrevimiento de arrancarme las cosas a la fuerza, me pongo furiosa, no sé lo que digo. Soy capaz de... irme. Así no conseguirá nada. ¡Puede creerme! Yo tampoco conseguiré..., nada. *(Bajo)* Cómo cuesta... *(Se mira, se cierra la blusa. Intentando ser jocosa)* ¡Qué pinta de...! Un poco extravagante. Lo que pasa es que perdí entrenamiento. *(Se mira las piernas)* Estar en forma, eso es lo esencial. Ser dócil. Si tuviera cigarrillos. *(Se yergue)* Queda bien, chic. Tendré que mandar la capa a la tintorería con tanto manoseo. Si la devuelvo manchada, no me la presta más. *(Se saca el zapato, se frota el pie, se lo calza nuevamente)* ¡Cómo me aprieta! *(Ríe, ácida)* ¡Si calzo un número más! A ver si me pierden el otro. No, seguramente me traerán unos más elegantes del vestuario. Les demostraré que no hay papel que no pueda encarar con... talento. Es lo que me sobra. Cuando le represento a Pepe, se queda embobado. "Negra, haceme la ingenua."
(Baja los ojos, representa) "No, señor! ¡no, señor! Mamá me prohibió hablar con desconocidos. ¿Cuáles son sus intenciones?" *(Ríe, mojigata. Se balancea patéticamente. Se inmoviliza)* Quieren una vedette. Lástima. ¡Con la experiencia que tengo en ingenuas! Hubiera estudiado baile. De haber sabido que la oportunidad era ésta, me hubiera preocupado. Siempre llego tarde. A mi entierro voy a llegar justo, ¡ahí, sí! *(Ríe, ácida)* ¡Quién sabe! En una de ésas, tengo suerte. Me esperan con el hoyito listo y les fallo. Y Pepe se va a enojar. "Negra, ¡siempre la misma! ¿Para qué lloré tanto? ¡Morite!" *(Ríe)* Y hasta sería mejor. Ser oportuna, no fallar... ahí. ¿Qué esperaba? ¿Una ingenua? Ni aunque naciera de nuevo, podría serlo porque... todo queda en el mundo, ¿no? Pepe vendrá con hambre, le hubiera dejado una tortilla... No debo asustarme con el trabajo, pondrán música, serán amables. Habrá otras o estaré yo... ¿sola? Pero hay chicas más jóvenes, más lindas. *(Sonríe penosa-*

mente) La competencia. ¿Por qué me eligirán a mí? ¿Por qué... yo? ¿Una... vieja que ni siquiera está en forma? Arrugada y... chueca. ¡Y lo eché! No tenía por qué ofenderse, si la gente habla, dialoga, se entiende. ¿Habrá entendido? ¿Fui clara? ¡Cómo para serlo con tanta impertinencia! Lástima que no le dije que tenía ideas para actuar sobre la marcha. Una vedette baila, guiña un ojo, menea el trasero. ¡Ya se me ocurrirá una idea brillante! Los dejaré con la boca abierta. Y después de todo, ¿por qué se va a quejar de mí? Yo misma le puse la capa entre las manos, la pollera. Y si me hubiera dicho que quería los aros, ¡pues también los aros! Un salvaje. Yo estoy acostumbrada a otra forma de tratar. Le grité. ¿Por qué tardará tanto ahora? Un empleado, eso es. No demasiado simpático, pero la simpatía no da de comer. Debe ser su costumbre, la insolencia. Claro, creen que se apoyan con los pies sobre la tierra y no van a caerse. No quieren una vedette, quizás quieran una pu... una prostituta. Y bueno, ¡en fotos! ¡No significa serlo! Ponen "dama de vida fácil". Y si no es esto... tendrán otra idea. Me lo dirán. ¿A mí qué me importa? Ellos contratan, fotografían, se encargan de que el trabajo trascienda. A mí me dan las indicaciones, el guión y, ¡allá voy yo!, con mi talento, mi ductilidad. Puedo representar todo tipo de madres, locas, cariñosas, distinguidas. Pepe estará esperando, le hubiera dejado la tortilla... Haré mamás y después abuelas, y después se darán cuenta de que soy joven, y podré ser la muchacha enamorada o la ingenua... *(Se descalza, lentamente se saca las medias)* Y después... después...
(El muchacho entra y se lleva la mesita)
Cuando vuelva, lo miraré con estos ojos... Todavía no se fijó en mis ojos, pero cuando los mire, quedará deslumbrado. Y le diré que mi fantasía es inagotable. Enriquezco un guión, si me dejan lo... redondeo. En esta escena, puedo besar a papá, y después, en ésta, me desnudo... y va a resultar tierno... conmovedor. Tengo que actuar naturalmente, como si fuera ingenua. *(Intenta reír)* ¡La ingenuidad es lo

180

último que se pierde! Cuando se tiene, y yo ya... No hay trabajo indigno. El trabajo es lo que se ve, está afuera, y adentro, ¿cómo tiene que estar una adentro para ciertos trabajos? Una tiene que estar rota o muerta. ¡Yo no! Yo: ¡margaritas adentro! Y una nena que se balancea en una hamaca, como en una horca, porque soy... feliz. Disfrutarán conmigo, y ya es algo, ¿no? Pobres tipos... solos. A una no la tocan, es un trabajo donde nadie... se humilla. Ni se excitan, creo. Tan... acostumbrados. A una la... fotografían, sola o... acompañada, con niños o con viejos. Seré la alcahueta o... o pondrán en la cama a una muchacha hermosa y yo... yo seré el espejo, el espejo adonde va a acabar todo. No. Aún sirvo, aún mi belleza... *(Ríe. Se tapa la boca)* Vamos, no debo venirme abajo. ¿Qué te pasa, Negra? ¿Desayunaste mal? ¡Qué ánimo tenés para el trabajo! Aún puedo... gustar... Aún pueden... enloquecerse por mí. Me pagarán bien. En poses... agradables. Y habrá una estufa para que no se sienta el frío... *(Sentándose, se desabotona la blusa, se abre el escote en un gesto patéticamente provocativo, las piernas abiertas. Entra el muchacho y se lleva el sillón. Ella no se mueve, lo sigue con los ojos muy abiertos y una sonrisa estereotipada. Jocosa)* ¡Acá espero! *(Se le petrifica la sonrisa, baja la cabeza, rompe a llorar)* ¡Pepe!

Decir sí

Decir sí

1974   Fue estrenada dentro del ciclo "Teatro Abierto", en julio de 1981 en el Teatro del Picadero de Buenos Aires, con el siguiente reparto:

Personajes

Hombre	:	Jorge Petraglia
Peluquero	:	Leal Rey
Asistente de dirección	:	Horacio Rainelly
Puesta en escena y dirección:		Jorge Petraglia

Interior de una peluquería. Una ventana y una puerta de entrada. Un sillón giratorio de peluquero, una silla, una mesita con tijeras, peine, utensilios para afeitar. Un paño blanco, grande, y unos trapos sucios. Dos tachos en el suelo, uno grande, uno chico, con tapas. Una escoba y una pala. Un espejo movible de pie. En el suelo, a los pies del sillón, una gran cantidad de pelo cortado. El Peluquero espera su último cliente del día, hojea una revista sentado en el sillón. Es un hombre grande, taciturno, de gestos lentos. Tiene una mirada cargada, pero inescrutable. No saber lo que hay detrás de esta mirada es lo que desconcierta. No levanta nunca la voz, que es triste, arrastrada. Entra Hombre, es de aspecto muy tímido e inseguro.

Hombre: Buenas tardes.
Peluquero *(levanta los ojos de la revista, lo mira. Después de un rato)* ...tardes... *(No se mueve)*
Hombre *(intenta una sonrisa, que no obtiene la menor respuesta. Mira su reloj furtivamente. Espera. El Peluquero arroja la revista sobre la mesa, se levanta como con furia contenida. Pero en lugar de ocuparse de su cliente, se*

acerca a la ventana y dándole la espalda, mira hacia afuera. *Hombre, conciliador):* Se nubló. *(Espera. Una pausa)* Hace calor. *(Ninguna respuesta. Se afloja el nudo de la corbata, levemente nervioso. El Peluquero se vuelve, lo mira, adusto. El Hombre pierde seguridad)* No tanto... *(Sin acercarse, estira el cuello hasta la ventana)* Está despejado. Mm... mejor. Me equivoqué. *(El Peluquero lo mira, inescrutable, inmóvil. Hombre)* Quería... *(Una pausa. Se lleva la mano a la cabeza con un gesto desvaído)* Si... si no es tarde... *(El Peluquero lo mira sin contestar. Luego le da la espalda y mira otra vez por la ventana. Hombre, ansioso)* ¿Se nubló?

Peluquero *(un segundo inmóvil. Luego se vuelve. Bruscamente):* ¿Barba?

Hombre *(rápido):* No, barba, no. *(Mirada inescrutable)* Bueno... no sé. Yo... yo me afeito. Solo. *(Silencio del Peluquero)* Sé que no es cómodo, pero... Bueno, tal vez me haga la barba. Sí, sí, también barba. *(Se acerca al sillón. Pone el pie en el posapié. Mira al Peluquero esperando el ofrecimiento. Leve gesto oscuro del Peluquero. Hombre no se atreve a sentarse. Saca el pie. Toca el sillón tímidamente)* Es fuerte este sillón, sólido. De... de madera. Antiguo. *(El Peluquero no contesta. Inclina la cabeza y mira fijamente el asiento del sillón. Hombre sigue la mirada del Peluquero. Ve pelos cortados sobre el asiento. Impulsivamente los saca, los sostiene en la mano. Mira al suelo...)* ¿Puedo?... *(Espera. Lentamente, el Peluquero niega con la cabeza. Hombre, conciliador)* Claro, es una porquería. *(Se da cuenta de que el suelo está lleno de cabellos cortados. Sonríe confuso. Mira el pelo en su mano, el suelo, opta por guardar los pelos en su bolsillo. El Peluquero, instantánea y bruscamente, sonríe. Hombre aliviado)* Bueno... pelo y... barba, sí, barba. *(El Peluquero, que cortó su sonrisa bruscamente, escruta el sillón. Hombre lo imita. Impulsivamente, toma uno de los trapos sucios y limpia el asiento. El Peluquero se inclina y observa el respaldo,* adusto. *Hombre lo mira, sigue luego la dirección de la mirada. Con otro rapto, impulsivo, limpia el respaldo. Contento)* Ya está. A mí no me molesta... *(El Peluquero lo mira, inescrutable. Se desconcierta)* Dar una mano... Para eso estamos, ¿no? Hoy me toca a mí, mañana a vos. ¡No lo estoy tuteando! Es un dicho que... anda por ahí. *(Espera. Silencio e inmovilidad del Peluquero)* Usted... debe estar cansado. ¿Muchos clientes?

Peluquero *(parco):* Bastantes.

Hombre *(tímido):* Mm... ¿me siento? *(El Peluquero lo mira, inescrutable)* Bueno, no es necesario. Quizás usted esté cansado. Yo, cuando estoy cansado... me pongo de malhumor... Pero como la peluquería estaba abierta, yo pensé... Estaba abierta, ¿no?

Peluquero: Abierta.

Hombre *(animado):* ¿Me siento? *(El peluquero niega con la cabeza, lentamente. Hombre)* En resumidas cuentas, no es... necesario. Quizás usted corte de parado. A mí, el asado me gusta comerlo de parado. No es lo mismo, claro, pero uno está más firme. ¡Si tiene buenas piernas! *(Ríe. Se interrumpe)* No todos... ¡Usted sí! *(El Peluquero no lo atiende. Observa fijamente el suelo. Hombre sigue su mirada. El Peluquero lo mira, como esperando determinada actitud. Hombre recoge rápidamente la alusión. Toma la escoba y barre. Amontona los pelos cortados. Mira al Peluquero, contento. El Peluquero vuelve la cabeza hacia la pala, apenas si señala con un gesto de la mano. El Hombre reacciona velozmente. Toma la pala, recoge el cabello del suelo, se ayuda con la mano. Sopla para barrer los últimos, pero desparrama los de la pala. Turbado, mira a su alrededor, ve los tachos, abre el más grande. Contento)* ¿Los tiro aquí? *(El Peluquero niega con la cabeza. Hombre abre el más pequeño)* ¿Aquí? *(El Peluquero asiente con la cabeza. Hombre, animado)* Listo. *(Gran sonrisa)* Ya está. Más limpio. Porque si se amontona la mugre es un asco. *(El Peluquero lo mira, oscuro. Hombre*

187

pierde seguridad) No.... ooo. No quise decir que estuviera sucio. Tanto cliente, tanto pelo. Tanta cortada de pelo, y habrá pelo de barba también, y entonces se mezcla que... ¡Cómo crece el pelo!, ¿eh? ¡Mejor para usted! *(Lanza una risa estúpida)* Digo, porque... Si fuéramos calvos, usted se rascaría. *(Se interrumpe. Rápidamente)* No quise decir esto. Tendría otro trabajo.

Peluquero *(neutro):* Podría ser médico.

Hombre *(aliviado):* ¡Ah! ¿A usted le gustaría ser médico? Operar, curar. Lástima que la gente se muere, ¿no? *(Risueño)* ¡Siempre se le muere la gente a los médicos! Tarde o temprano... *(Ríe y termina con un gesto. Rostro muy oscuro del Peluquero. Hombre se asusta)* ¡No, a usted no se le moriría! Tendría clientes, pacientes, de mucha edad. *(Mirada inescrutable)* Longevos. *(Sigue la mirada)* ¡Seríamos inmortales! Con usted de médico, ¡seríamos inmortales!

Peluquero *(bajo y triste):* Idioteces. *(Se acerca al espejo, se mira. Se acerca y se aleja, como si no se viera bien. Mira después al Hombre, como si éste fuera culpable)*

Hombre: No se ve. *(Impulsivamente, toma el trapo con el que limpió el sillón y limpia el espejo. El Peluquero le saca el trapo de las manos y le da otro más chico. Hombre)* Gracias. *(Limpia empeñosamente el espejo. Lo escupe. Refriega. Contento)* Mírese. Estaba cagado de moscas.

Peluquero *(lúgubre):* ¿Moscas?

Hombre: No, no. Polvo.

Peluquero *(ídem):* ¿Polvo?

Hombre: No, no. Empañado. Empañado por el aliento. *(Rápido)* ¡Mío! *(Limpia)* Son buenos espejos. Los de ahora nos hacen caras de...

Peluquero *(mortecino):* Marmotas...

Hombre *(seguro):* ¡Sí, de marmotas! *(El Peluquero, como si efectuara una comprobación, se mira en el espejo, y luego mira al Hombre. Hombre, rectifica velozmente)* ¡No a todos! ¡A los que son marmotas! ¡A mí! ¡Más marmota de lo que soy!

Peluquero (triste y mortecino): Imposible. *(Se mira en el espejo. Se pasa la mano por las mejillas, apreciando si tiene barba. Se toca el pelo, que lleva largo, se estira los mechones)*

Hombre: Y a usted, ¿quién le corta el pelo? ¿Usted? Qué problema. Como el dentista. La idea me causa gracia. *(El Peluquero lo mira. Pierde seguridad)* Abrir la boca y sacarse uno mismo una muela... No se puede... Aunque un peluquero, sí, con un espejo... *(Mueve los dedos en tijeras sobre su nuca)* A mí, qué quiere, meter la cabeza en la trompa de otros, me da asco. No es como el pelo. Mejor ser peluquero que dentista. Es más... higiénico. Ahora la gente no tiene... piojos. Un poco de caspa, seborrea. *(El Peluquero se abre los mechones sobre el cráneo, mira como efectuando una comprobación, luego mira al Hombre)* No, usted no. ¡Qué va! ¡Yo! *(Rectifica)* Yo tampoco... Conmigo puede estar tranquilo. *(El Peluquero se sienta en el sillón. Señala los objetos para afeitar. Hombre mira los utensilios y luego al Peluquero. Recibe la precisa insinuación. Retrocede)* Yo... yo no sé. Nunca...

Peluquero (mortecino): Anímese. *(Se anuda el paño blanco bajo el cuello, espera pacíficamente)*

Hombre (decidido): Dígame, ¿usted hace con todos así?

Peluquero (muy triste): ¿Qué hago? *(Se aplasta sobre el asiento)*

Hombre: No, ¡porque no tiene tantas caras! *(Ríe sin convicción)* Una vez que lo afeitó uno, los otros ya... ¿qué van a encontrar? *(El Peluquero señala los utensilios)* Bueno, si usted quiere, ¿por qué no? Una vez, de chico, todos cruzaban un charco, un charco maloliente, verde, y yo no quise. ¡Yo no!, dije. ¡Que lo crucen los imbéciles!

Peluquero (triste): ¿Se cayó?

Hombre: ¿Yo? No... Me tiraron, porque... *(se encoge de hombros)* les dio.. bronca que yo no quisiera... arriesgarme. *(Se reanima)* Así que.. ¿por qué no? Cruzar el charco o...

después de todo, afeitar, ¿eh?, ¿Qué habilidad se necesita? ¡Hasta los imbéciles se afeitan! Ninguna habilidad especial. ¡Hay cada animal que es pelu..! *(Se interrumpe. El Peluquero lo mira, tétrico)* Pero no. Hay que tener pulso, mano firme, mirada penetran... te para ver... los pelos... Los que se enroscan, me los saco con una pincita. *(El Peluquero suspira profundamente);* ¡Voy, voy! No sea impaciente. *(Le enjabona la cara)* Así. Nunca vi a un tipo tan impaciente como usted. Es reventante. *(Se da cuenta de lo que ha dicho, rectifica)* No, usted es un reventante dinámico. Reventante para los demás. A mí no... No me afecta. Yo lo comprendo. La acción es la sal de la vida y la vida es acción y... *(Le tiembla la mano, le mete la brocha enjabonada en la boca. Lentamente, el Peluquero toma un extremo del paño y se limpia. Lo mira)* Disculpe. *(Le acerca la navaja a la cara. Inmoviliza el gesto, observa la navaja que es vieja y oxidada. Con un hilo de voz)* Está mellada.

Peluquero *(lúgubre):* Impecable.
Hombre: Impecable está. *(En un arranque desesperado)* Vieja, oxidada y sin filo, ¡pero impecable! *(Ríe histérico)* ¡No diga más! Le creo, no me va a asegurar una cosa por otra. ¿Con qué interés, no? Es su cara. *(Bruscamente)* ¿No tiene una correa, una piedra de afilar? *(El Peluquero bufa tristemente, Hombre desanimado)* ¿Un... cuchillo? *(Gesto de afilar)* Bueno, tengo mi carácter y... ¡adelante! Me hacen así, *(Gesto de empujar con un dedo)* ¡y yo ya! ¡Vuelo! *(Afeita. Se detiene)* ¿Lo corté? *(El Peluquero niega lúgubremente con la cabeza. Hombre, animado, afeita.)* ¡Ay! *(Lo seca apresuradamente con el paño)* No se asuste. *(Desorbitado)* ¡Sangre! ¡No, un rasguño! Soy... muy nervioso. Yo me pongo una telita de cebolla. ¿Tiene... cebollas? *(El Peluquero lo mira, oscuro)* ¡Espere! *(Revuelve ansiosamente en sus bolsillos. Contento, saca una curita)* Yo... yo llevo siempre. Por si me duelen los pies, camino mucho, con el calor... una ampolla acá, y otra... allá. *(Le*

pone la curita) ¡Perfecto! ¡Ni que hubiera sido profesional! *(El Peluquero se saca el resto de jabón de la cara, da por concluida la afeitada. Sin levantarse del sillón, adelanta la cara hacia el espejo, se mira, se arranca la curita, la arroja al suelo. El Hombre la recoge, trata de alisarla, se la pone en el bolsillo)* La guardo... está casi nueva... Sirve para otra... afeitada...

Peluquero *(señala un frasco, mortecino)*: Colonia.

Hombre: ¡Oh, sí! Colonia. *(Destapa el frasco, lo huele.)* ¡Qué fragancia! *(Se atora con el olor nauseabundo. Con asco, vierte un poco de colonia en sus manos y se las pasa al Peluquero por la cara. Se sacude las manos para alejar el olor. Se acerca una mano a la nariz para comprobar si desapareció el olor, la aparta rápidamente a punto de vomitar)*

Peluquero *(se tira un mechón. Mortecino)*: Pelo.

Hombre: ¿También el pelo? Yo.. yo no sé. Esto sí que no.

Peluquero *(ídem)*: Pelo.

Hombre: Mire, señor. Yo vine aquí a cortarme el pelo. ¡Yo vine a cortarme el pelo! Jamás afronté una situación así... tan extraordinaria. Insólita... pero si usted quiere... yo.. *(Toma la tijera, la mira con repugnancia)* yo... soy hombre decidido... a todo. ¡A todo!... Porque... mi mamá me enseñó que... y la vida...

Peluquero *(tétrico)*: Charla. *(Suspira)* ¿Por qué no se concentra?

Hombre: ¿Para qué? ¿Y quién me prohibe charlar? *(Agita las tijeras)* ¿Quién se atreve? ¡A mí los que se atrevan! *(Mirada oscura del Peluquero)* ¿Tengo que callarme? Como quiera. ¡Usted! ¡Usted será el responsable! ¡No me acuse si... ¡no hay nada de lo que no me sienta capaz!

Peluquero: Pelo.

Hombre *(tierno y persuasivo)*: Por favor, con el pelo no, mejor no meterse con el pelo... ¿para qué? Le queda lindo largo... moderno. Se usa...

Peluquero *(lúgubre e inexorable)*: Pelo.

Hombre: ¿Ah, sí? ¿Conque pelo? ¡Vamos pues! ¡Usted es duro de mollera!, ¿eh?, pero yo, ¡soy más duro! *(Se señala la cabeza)* Una piedra tengo acá. *(Ríe como un condenado a muerte)* ¡No es fácil convencerme! ¡No, señor! Los que lo intentaron, no le cuento. ¡No hace falta! Y cuando algo me gusta, nadie me aparta de mi camino, ¡nadie! Y le aseguro que... No hay nada que me divierta más que... ¡cortar el pelo! ¡Me!.. me enloquece. *(Con animación, bruscamente)* ¡Tengo una ampolla en la mano! ¡No puedo cortárselo! *(Deja la tijera, contento)* Me duele.

Peluquero: Pe-lo.

Hombre (empuña las tijeras, vencido): Usted manda.

Peluquero: Cante.

Hombre: ¿Qué yo cante? *(Ríe estúpidamente)* Esto sí que no... ¡Nunca! *(El Peluquero se incorpora a medias en su asiento, lo mira. Hombre, con un hilo de voz)* Cante, ¿qué? *(Como respuesta, el Peluquero se encoge tristemente de hombros. Se reclina nuevamente sobre el asiento. El Hombre canta con un hilo de voz)* ¡Fígaro!.. ¡Fígaro... qua, fígaro là...! *(Empieza a cortar)*

Peluquero (mortecino, con fatiga): Cante mejor. No me gusta.

Hombre: ¡Fígaro! *(Aumenta el volumen)* ¡Fígaro, Fígaro! *(Lanza un gallo tremendo)*

Peluquero (ídem): Cállese.

Hombre: Usted manda. ¡El cliente siempre manda! Aunque el cliente... soy... *(Mirada del Peluquero)* es usted... *(Corta espantosamente. Quiere arreglar el asunto, pero lo empeora, cada vez más nervioso)* Si no canto, me concentro... mejor. *(Con los dientes apretados)* Sólo pienso en esto, en cortar, *(Corta)* y... *(Con odio)* ¡Atajá esta! *(Corta un gran mechón. Se asusta de lo que ha hecho. Se separa unos pasos, el mechón en la mano. Luego se lo quiere pegar en la cabeza al Peluquero. Moja el mechón con saliva. Insiste. No puede. Sonríe, falsamente risueño)* No, no, no. No se asuste. Corté un mechoncito largo, pero... ¡no se arruinó nada! El pelo es mi especialidad. Rebajo y emparejo. *(Subrepticiamente, deja caer el mechón, lo aleja con el pie. Corta)* ¡Muy bien! *(Como el Peluquero se mira en el espejo)* ¡La cabecita para abajo! *(Quiere bajarle la cabeza, el Peluquero la levanta)* ¿No quiere? *(Insiste)* Vaya, vaya, es caprichoso... El espejo está empañado, ¿eh? *(Trata de empañarlo con el aliento)* No crea que muestra la verdad. *(Mira al Peluquero, se le petrifica el aire risueño, pero insiste)* Cuando las chicas lo vean... dirán, ¿quién le cortó el pelo a este señor? *(Corta apenas, por encima. Sin convicción)* Un peluquero... francés... *(Desolado)* Y no. Fui yo...

Peluquero *(alza la mano lentamente. Triste):* Suficiente. *(Se va acercando al espejo, se da cuenta que es un mamarracho, pero no revela una furia ostensible.)*

Hombre: Puedo seguir. *(El Peluquero se sigue mirando)* ¡Deme otra oportunidad! ¡No terminé! Le rebajo un poco acá, y las patillas, ¡me faltan las patilllas! Y el bigote. No tiene, ¿por qué no se deja el bigote? Yo también me dejo el bigote, y así, ¡como hermanos! *(Ríe angustiosamente. El Peluquero se achata el pelo sobre las sienes. Hombre, se reanima)* Sí, sí, aplastadito le queda bien, ni pintado. Me gusta. *(El Peluquero se levanta del sillón. Hombre retrocede)* Fue... una experiencia interesante. ¿Cuánto le debo? No, usted me debería a mí, ¿no? Digo, normalmente. Tampoco es una situación anormal. Es... divertida. Eso: divertida. *(Desorbitado)* ¡Ja-ja-ja! *(Humilde)* No, tan divertido no es. Le... ¿le gusta cómo... *(El Peluquero lo mira, inescrutable)*... le corté? Por ser... novato... *(El Peluquero se estira las mechas de la nuca)* Podríamos ser socios... ¡No, no! ¡No me quiero meter en sus negocios! ¡Yo sé que tiene muchos clientes, no se los quiero robar! ¡Son todos suyos! ¡Le pertenecen! ¡Todo pelito que anda por ahí es suyo! No piense mal. Podría trabajar gratis. ¡Yo! ¡Por favor! *(Casi llorando)* ¡Yo le dije que no sabía! ¡Usted me arrastró! ¡No puedo negarme cuando me piden las cosas... bondadosamente! ¿Y qué importa? ¡No le corté un brazo!

193

Sin un brazo, hubiera podido quejarse. ¡Sin una pierna! ¡Pero fijarse en el pelo! ¡Qué idiota! ¡No! ¡Idiota, no! ¡El pelo crece! En una semana, usted, ¡puf! ¡hasta el suelo! *(El Peluquero le señala el sillón. El Hombre recibe el ofrecimiento incrédulo, se le iluminan los ojos)* ¿Me toca a mí? *(Mira hacia atrás buscando a alguien)* ¡Bueno, bueno! ¡Por fin nos entendimos! ¡Hay que tener paciencia y todo llega! *(Se sienta, ordena, feliz)* ¡Barba y pelo! *(El Peluquero le anuda el paño bajo el cuello. Hace girar el sillón. Toma la navaja, sonríe. El Hombre levanta la cabeza)* Córteme bien. Parejito.

El Peluquero le hunde la navaja. Un gran alarido. Gira nuevamente el sillón. El paño blanco está empapado en sangre que escurre hacia el piso. Toma el paño chico y seca delicadamente. Suspira larga, bondadosamente, cansado. Renuncia. Toma la revista y se sienta. Se lleva la mano a la cabeza, tira y es una peluca lo que se saca. La arroja sobre la cabeza del Hombre. Abre la revista, comienza a silbar dulcemente.

Telón.

Antígona furiosa

A Laura Yusem y Bettina Muraña

Antígona furiosa

<table>
<tr><td>1986</td><td>Fue estrenada en setiembre de 1986 en la Sala del Instituto Goethe de Buenos Aires con el siguiente reparto:</td></tr>
</table>

Personajes

Antígona	:	Bettina Muraña
Corifeo	:	Norberto Vieyra
Antinoo	:	Iván Moschner
Escenografía	:	Graciela Galán, Juan Carlos Distéfano
Vestuario	:	Graciela Galán
Carcasa de Creonte	:	Juan Carlos Distéfano
Asistencia de dirección	:	Jerry Brignone
Puesta en escena y dirección:		Laura Yusem

Una carcasa representa a Creonte. Cuando el Corifeo se introduce en ella, asume obviamente el trono y el poder.

Antígona ahorcada. Ciñe sus cabellos una corona de flores blancas, marchitas. Después de un momento, lentamente, afloja y quita el lazo de su cuello, se acomoda el vestido blanco y sucio. Se mueve, canturreando.
Sentados junto a una mesa redonda, vestidos con trajes de calle, dos hombres toman café. El Corifeo juega con una ramita flexible, rompe pequeños trozos de la servilleta de papel y las agrega a modo de flores. Lo hace distraído, con una sonrisa de burla.

Corifeo: ¿Quién es ésa? ¿Ofelia? *(Ríen. Antígona los mira)* Mozo, ¡otro café!
Antígona (canta):

> "Se murió y se fue, señora;
> Se murió y se fue;
> El césped cubre su cuerpo,
> Hay una piedra a sus pies."

Corifeo: Debiera, pero no hay. ¿Ves césped? ¿Ves piedra? ¿Ves tumba?

197

Antinoo: ¡Nada!

Antígona (canta):

"…. un sudario lo envolvió;
Cubrieron su sepultura
flores que el llanto regó."

(Mira curiosamentre las tazas): ¿Qué toman?

Corifeo: Café.

Antígona: ¿Qué es eso? Café.

Corifeo: Probá.

Antígona: No. *(Señala)* Oscuro como el veneno.

Corifeo (instantáneamente recoge la palabra): ¡Sí, nos envenenamos! *(Ríe)* ¡Muerto soy! *(Se levanta, duro, los brazos hacia adelante. Jadea estertoroso)*

Antinoo: ¡Que nadie lo toque! ¡Prohibido! Su peste es contagiosa. ¡Contagiará la ciudad!

Antígona: ¡Prohibido! ¿Prohibido? *(Como ajena a lo que hace, le saca la corona al Corifeo, la rompe)*

Antinoo: ¡Te sacó la coronita!

Corifeo: ¡Nadie me enterrará!

Antinoo: Nadie.

Corifeo: ¡Me comerán los perros! *(Jadea estertoroso)*

Antinoo: ¡Pobrecito! *(Lo abraza. Ríen, se palmean)*

Corifeo (le ofrece su silla): ¿Querés sentarte?

Antígona: No. Están peleando ahora.

Antinoo: ¡No me digas!

Corifeo: Sí. Se lastimarán con las espadas. ¡Pupa!, y serás la enfermera. *(Se le acerca con una intención equívoca que Antígona no registra, sólo se aparta)* ¿Cómo los cuidarás? ¿Dónde?

Antígona: Yo seré quien lo intente.

Corifeo: ¿Qué?

Antígona: Dar sepultura a Polinices, mi hermano.

Corifeo (guasón): ¡Prohibido, prohibido! ¡El rey lo prohibió! ¡"Yo" lo prohibí!

Antinoo: ¡Qué nadie lo toque!

Corifeo: Quien se atreva… *(se rebana el cuello)*

Antígona: Ella no quiso ayudarme.

Corifeo: ¿Ella? ¿Quién es ella?

Antígona: Ismena, mi hermana. Lo hice sola. Nadie me ayudó. Ni siquiera Hemón, mi valiente, que no desposaré.

Corifeo: ¿Y para cuándo el casorio? *(Ríe, muy divertido, y Antinoo lo acompaña después de un segundo. Se pegan codazos y palmadas)*

Antígona: Que no desposaré, dije. Para mí no habrá boda.

Corifeo (blandamente): Qué lástima. *(Golpea a Antinoo para llamar su atención)*

Antinoo (se apresura): Lástima.

Antígona: Noche nupcial.

Corifeo: Lógico.

Antinoo (como un eco): Lógico.

Antígona: Tampoco hijos. Moriré... Sola.

> *La batalla. Irrumpe entrechocar metálico de espadas, piafar de caballos, gritos y ayes imprecisos. Antígona se aparta. Mira desde el palacio. Cae al suelo, golpean sus piernas, de un lado y de otro, con un ritmo que se acrecienta al paroxismo, como si padeciera la batalla en carne propia.*

Antígona (grita): ¡Eteocles, Polinices, mis hermanos, mis hermanos!

Corifeo (se acerca): ¿Qué pretende esta loca? ¿Criar pena sobre pena?

Antinoo: Enterrar a Polinices pretende, ¡en una mañana tan hermosa!

Corifeo: Dicen que Eteocles y Polinices debían repartirse el mando un año cada uno. Pero el poder tiene un sabor dulce. Se pega como miel a la mosca. Eteocles no quiso compartirlo.

Antinoo: Otro se hubiera conformado. ¡No Polinices!

Corifeo: Atacó la ciudad por siete puertas y cayó vencido ¡en las siete! *(Ríe)* Y después enfrentó a su hermano Eteocles.

Antígona: ¡Se dieron muerte con las espadas! ¡Eteocles, Polinices! ¡Mis hermanos, mis hermanos!

Corifeo (vuelve a la mesa): Siempre las riñas, los combates y la sangre. Y la loca esa que debiera estar ahorcada. Recordar muertes es como batir agua en el mortero: no aprovecha. Mozo, ¡otro café!

Antinoo (tímido): No hace mucho que pasó.

Corifeo (feroz): Pasó. ¡Y a otra cosa!

Antinoo: ¿Por qué no celebramos?

Corifeo (oscuro): ¿Qué hay para celebrar?

Antinoo (se ilumina, tonto): ¡Que la paz haya vuelto!

Corifeo (ríe): ¡Celebremos! ¿Con qué?

Antinoo: Con... ¿vino?

Corifeo: ¡Sí, con mucho vino! ¡Y no café! *(Remeda)* ¿Qué es ese líquido oscuro? ¡Veneno! *(Ríe. Jadea paródicamente estertoroso. Después, Antinoo lo acompaña)*

Antígona camina entre sus muertos, en una extraña marcha donde cae y se incorpora, cae y se incorpora.

Antígona: ¡Cadáveres! ¡Cadáveres! ¡Piso muertos! ¡Me rodean los muertos! Me acarician... me abrazan... Me piden... ¿Qué?

Corifeo (avanza): Creonte. Creonte usa la ley. Creonte.
Creonte usa la ley en lo tocante
Creonte usa la ley en lo tocante a los muertos   Creonte
y a los vivos.
La misma ley.
Creonte no permitirá enterrar a Polinices que quiso quemar a sangre y fuego
Sangre y fuego la tierra de sus padres. Su cuerpo servirá de pasto
Pasto a perros y aves de rapiña. Creonte   Creonte
Su ley dice:
Eteocles será honrado
Y Polinices
festín de perros. Podredumbre y pasto.

Que nadie gire —se atreva— gire gire como loca dando
vueltas frente al cadáver insepulto insepulto insepulto

(*Vuelve a su lugar, se sienta*) Nadie hay tan loco que
desee morir. Ese será el salario.

Antígona: Mi madre se acostó con mi padre, que había nacido
de su vientre, y así nos engendró. Y en esta cadena de los
vivos y los muertos, yo pagaré sus culpas. Y la mía. Ahí
está. Polinices. Polinices, mi hermano más querido.
Creonte no quiere para él sepultura, lamentos, llantos.
Ignominia solamente. Bocado para las aves de rapiña.
Corifeo: Quien desafíe a Creonte, morirá.
Antígona: ¿Me ves, Creonte? ¡Lloro! ¿Me oís, Creonte? *(Profundo lamento, salvaje y gutural)*
Corifeo: ¡No oí nada! ¡No oí nada! *(Canta tartamudeando, pero con un fondo de burla)* No hay... lamentos ba-ba-bajo el cielo, ¡ta-ta-tá n sereno!
Antinoo: ¡Prohibido! *(Sacude al Corifeo)* ¿No es verdad que está prohibido?
Antígona: ¿Para quién? ¡Para quienes mueven la cola como
perros! ¡No para mí! ¿Me ves, Creonte? Yo lo sepultaré,
¡con estos brazos, con estas manos! ¡Polinices! *(Largo alarido silencioso al descubrir el cadáver de Polinices, que es sólo un sudario)*

*Antígona se arroja sobre él, lo cubre con su propio cuerpo
de la cabeza a los pies.*
Antígona: Oh, Polinices, hermano. Hermano. Hermano. Yo
seré tu aliento. *(Jadea como si quisiera revivirlo)* Tu boca,
tus piernas, tus pies. Te cubriré. Te cubriré.
Corifeo: ¡Prohibido!
Antígona: Creonte lo prohibió. Creon te te creo te creo
Creon te que me matarás.
Corifeo: Ese será el salario.

Antígona: Hermano, hermano. Yo seré tu cuerpo, tu ataúd, tu tierra.

Corifeo: ¡La ley de Creonte lo prohíbe!

Antígona: No fue Dios quien la dictó ni la justicia. *(Ríe)* ¡Los vivos son la gran sepultura de los muertos! ¡Esto no lo sabe Creonte! ¡Ni su ley!

Corifeo (dulcemente): Como si lo supiera.

Antinoo (id.): ¿Qué?

Corifeo: Salvo a Polinices, a quien redobla su muerte, Creonte sólo a los vivos mata.

Antinoo: ¡Corre las sepulturas! *(Ríe)* De uno a otro.

Corifeo: Sabiamente. En cadena.

Antígona: También se encadena la memoria. Esto no lo sabe Creonte ni su ley. Polinices, seré césped y piedrá. No te tocarán los perros ni las aves de rapiña. *(Con un gesto maternal)* Limpiaré tu cuerpo, te peinaré. *(Lo hace)* Lloraré, Polinices... lloraré... ¡Malditos!

Ceremonia, escarba la tierra con las uñas, arroja polvo seco sobre el cadáver, se extiende sobre él. Se incorpora y golpea, rítmicamente, una contra otra, dos grandes piedras, cuyo sonido marca una danza fúnebre.

Corifeo: Le rinde honores. Mejor no ver actos que no deben hacerse. *(Apartan la mesa)*

Antinoo (espiando): No llegó a enterrarlo. La tierra era demasiado dura.

Corifeo: Ahí la sorprendieron los guardias. Despreciable es quien tiene en mayor estima a un ser querido que a su propia patria.

Antinoo: ¡Exacto!

Corifeo (dulcemente): Niña, ¿cómo no lo pensaste? *(Corre hacia la carcasa de Creonte)*

Antinoo (se inclina, exagerado y paródico): ¡El rey! ¡El rey!

Corifeo: Eso soy. Mío es el trono y el poder.

Antinoo: Te arreglará las cuentas. Antígona. *(Un ademán*

para que avance)

Corifeo: Eh, la que se humilla, la que gime, la que padece el miedo y tiembla.

Antígona *(avanza serenamente)*: Temor y temblor, temor y temblor.

Corifeo: Hiciste lo que prohibí.

Antígona: Reconozco haberlo hecho y no lo niego.

Antinoo *(asustado)*: ¡No lo niega!

Corifeo: Transgrediste la ley.

Antígona: No fue Dios quien la dictó ni la justicia.

Corifeo: Te atreviste a desafiarme, desafiarme.

Antígona: Me atreví.

Corifeo: ¡Loca!

Antígona: Loco es quien me acusa de demencia.

Corifeo: No vale el orgullo cuando se es esclavo del vecino.

Antígona *(señalando a Antinoo, burlona)*: Este no lo es, ¿vecino? Ni vos.

Antinoo *(orgulloso)*: ¡No lo soy!

Corifeo: ¡Sí!

Antinoo: ¡Sí lo soy! *(Se desconcierta)* ¿Qué? ¿Vecino del esclavo o esclavo del vecino?

Corifeo *(como Antígona ríe)*: Esta me ultraja violando las leyes, y ahora agrega una segunda ofensa: jactarse y reírse.

Antígona: No me río.

Corifeo: Ella sería hombre y no yo si la dejara impune. Ni ella ni su hermana escaparán a la muerte más terrible.

Antígona *(palidece)*: ¿Ismena? ¿Por qué Ismena?

Antinoo: Sí. ¿Por qué Ismena?

Corifeo *(sale de su carcasa, apurado para retomar su papel)*: ¿Por qué?

Antígona: Ella no quiso ayudarme. Tuvo miedo.

Corifeo: ¿Y cómo no iba a tener miedo? Es apenas una niña. ¡Tan tierna!

Antígona: Delante de Creonte, yo también tuve miedo.

Antinoo: ¡Es nuestro rey!

Antígona: ¡Y yo una princesa!, aunque la desgracia me haya elegido.

Antinoo: ¡Sí! Hija de Edipo y de Yocasta. Princesa.

Corifeo: Está triste,/¿qué tendrá la princesa?/Los suspiros se escapan de su boca de fresa.

Antinoo: Que no ruega ni besa.

Corifeo: Si se hubiera quedado quieta/Sin enterrar a su hermano/¡con Hemón se hubiera casado! *(Ríen)*

Antígona: Delante de Creonte, tuve miedo. Pero él no lo supo. Señor, mi rey, ¡tengo miedo! Me doblo con esta carga innoble que se llama miedo. No me castigués con la muerte. Dejame casar con Hemón, tu hijo, conocer los placeres de la boda y la maternidad. Quiero ver crecer a mis hijos, envejecer lentamente. ¡Tengo miedo! *(Se llama con un grito, trayéndose al orgullo)* ¡Antígona! *(Se incorpora, erguida y desafiante)* ¡Yo lo hice! ¡Yo lo hice!

Corifeo: ¡Loca!

Antígona: Me llamó Creonte, ese loco de atar que cree que la muerte tiene odios pequeños. Cree que la ley es ley porque sale de su boca.

Corifeo: Quién es más fuerte, manda. ¡Esa es la ley!

Antinoo: ¡Las mujeres no luchan contra los hombres!

Antígona: Porque soy mujer, nací, para compartir el amor y no el odio.

Antinoo: A veces te olvidás.

Corifeo: ¡Lo escuchamos! ¡Y qué bien sonaba! Nací, para compartir el amor, ¡y no el odio!

Antígona: Se lo dije a Creonte, que lleva siempre su odio acompañado porque nunca viene solo. El odio.

Corifeo: La cólera. La injusticia.

Antígona: Yo mando.

Corifeo: No habrá de mandarme una mujer.

Antígona: Y ya estaba mandado, humillado. Rebajado por su propia omnipotencia.

Antinoo: Yo no diría rebajado.

Corifeo (lo remeda, sangriento): ¡No diría, no diría! Yo tampoco. Ismena fue más sagaz.

Antígona: No quiso ayudarme. Tuvo miedo. Y con miedo, como culpable, Creonte la obligó a presentarse ante él. Polinices clama por la tierra. Tierra piden los muertos y no agua o escarnio. *(Gime como Ismena)* No llorés, Ismena. No querés ayudarme. "¡Ssssss! Silencio, que nadie se entere de tu propósito. Será lapidado quien toque el cadáver de Polinices. Pido perdón a los muertos. Prestaré obediencia." ¿A quién, Ismena? ¿A Creonte, el verdugo?

Corifeo: Verdugo. Dijo verdugo.

Los dos: Cuando se alude al poder/la sangre empieza a correr. *(Apartan la mesa)*

Antígona: Yo no quería exigirle nada. Hubiera deseado tomarla entre mis brazos, consolarla como en la niñez, cuando acudía a mí, llorando, porque le robaban las piedras de jugar al nenti o se lastimaba contra un escalón. Nenita, nenita, no sufras. Pero oí mis gritos. ¡Rabia! ¡Rabia! ¡Me sos odiosa con tanta cobardía! Que todo el mundo sepa que enterraré a Polinices. ¡A voces, enterraré a mi muerto!

Corifeo: Tonta, Ismena andaba por el palacio, inocente con aires de culpable, sabiendo lo que más deseaba ignorar.

Antígona (se golpea el pecho): "¡Sé! ¡Nada ignoro!" Delante de Creonte le vino el coraje, mejor que el mío porque nacía del miedo. "Fui cómplice, cómplice". *(Ríe, burlona)* Ella, cómplice, ¡que ama sólo en palabras!

Corifeo: ¡No aceptaré una complicidad que no tuviste!

Antinoo: ¿Así la rechazó?

Corifeo: Así. Ismena, en la desgracia, quiso embarcarse en el mismo riesgo. Otra, no Antígona, ¿qué hubiera hecho? Llenarse de gratitud, ¡abrir los brazos!

Antígona: Yo los cerré.

Antinoo: ¡Insaciable! Le pareció poco.

Corifeo: Practica el vicio del orgullo. Orgullo más heroísmo, ¿adónde conducen? *(Se rebana el cuello)*

Antígona (dulcemente): Ismena, rostro querido, hermana, nenita mía, necesito la dureza de mi propia elección. Sin

205

celos, quiero que escapés de la muerte que a mí me espera. Creonte nos llamó locas a las dos, porque las dos lo desafiábamos, las dos despreciábamos sus leyes. Queríamos justicia, yo por la justicia misma y ella por amor.

Corifeo: Puede hablar mucho, pero su destino está sellado.

Antinoo (se levanta y se aleja): Yo no quiero verlo. ¡Ya vi con exceso!

Corifeo (lo busca): ¡Sentate! Hemón vendrá a pedir por ella.

Antinoo: ¿Y qué cara traerá? ¿Apenada?

Corifeo: ¿Qué te parece? Sumá dos más dos: la condena de Antígona, la pérdida de su boda.

Antinoo: ¡Pobrecito!

Corifeo: Aprovechará para una frase maestra.

Antinoo: ¿Cuál?

Corifeo: Solo, se puede mandar bien en una tierra desierta.

Antígona: ¡Hemón, Hemón!

Corifeo (va hacia la carcasa): Ama a Antígona.

Antinoo: ¡No se la quités!

Corifeo (en la carcasa): No soy yo. Es la muerte. *(Ríe. Bajo)* ¿Hemón? *(Antígona se vuelve hacia él)* ¿No estás furioso?

Antígona (todas sus réplicas con voz neutra): No.

Corifeo: Seré inflexible.

Antígona: Lo sé.

Corifeo: Nada modificará mi decisión.

Antígona: No intentaré cambiarla.

Corifeo: Me alegro. Uno desea hijos sumisos que devuelvan al enemigo de su padre mal por mal y honren a los amigos.

Antígona: Es justo.

Corifeo: La anarquía es el peor de los males. Quien transgrede la ley y pretende darme órdenes, no obtendrá mis elogios. Sólo confío en quienes obedecen.

Antígona: No osaría decir que tus palabras no son razonables. Sin embargo, también otro puede hablar con sensatez. Tu mirada intimida. Yo puedo oír lo que dice la gente. ¿No merece ella recompensa y no castigo?

Corifeo: Esa mujer se te subió a la cabeza.

Antígona: Hablo con mi razón.

Corifeo: Que tiene voz de hembra. No hay abrazos más fríos que los de una mujer perversa, indómita.

Antígona: ¿Perversa? Indómita.

Corifeo: Como ésa. Escupile en la cara y que busque un marido en los infiernos.

Antígona: Le escupiré. *(Un silencio. Se lleva la mano a la cara)* No me escupió, Creonte.

Corifeo (sale de su carcasa y enfrenta a Antígona): Debieras estar orgullosa.

Antígona: ¿De qué?

Corifeo: De que un mocito como Hemón pretenda dar lecciones a su padre, ¡el rey!

Antígona: Si soy joven, no atiendas a mi edad sino a mis actos. Del orgullo de Hemón, estoy orgullosa.

Corifeo (se aparta hacia la mesa, ultrajado): ¡Juventud!

Antinoo: Ahora pasa todo liso, pero ¡qué discusión! Se oía hasta en la esquina.

Corifeo: Si levantó la voz, estaba justificado.

Antinoo: Dijiste, ¡qué juventud!

Corifeo: ¿Y qué? No me refería a Hemón. Habló por nosotros. Dijo lo que todos pensábamos.

Antinoo (turbado): ¿Qué? *(Se toca la cabeza)*

Corifeo: La condenaste injustamente.

Antinoo: ¡Eso!

Corifeo: ¿Qué abogados tuvo? ¿Qué jueces? ¿Quién estuvo a su lado?

Antinoo: ¿Su padre?

Corifeo: ¡No tiene!

Antinoo: ¿Su madre? *(Seña rápida de negación del Corifeo)* ¿Sus hermanos? *(Idem)* ¿Sus amigos? La agarró y decidió: a ésta la reviento.

Corifeo: Y nosotros decimos: ¿Cómo? ¿Precisamente ella condenada? No toleró que su hermano, caído en combate, quedara sin sepultura. ¿No merece esto recompensa y no castigo?

Antinoo (contento): ¡Eso decimos!

Corifeo: De lo que decimos, Creonte se... *(gesto)*

Antígona: El clamor público nace siempre de palabras secretas. Quien cree que sólo él piensa o habla como ninguno es puro vacío adentro.

Antinoo: ¡Habló muy bien Hemón!

Corifeo: ¡También Creonte! Dijo: Sólo confío en quienes obedecen. No quebrantarán la ley.

Antinoo (muy turbado): ¡Sólo uno debe hablar bien para que no tengamos indecisiones!

Corifeo: Yo las resuelvo. *(Majestuoso, avanza hacia la carcasa, pero se detiene a mitad de camino. Se vuelve hacia Antígona)* La ciudad pertenece a quien la gobierna.

Antígona: Solo, podrías mandar bien en una tierra desierta.

Corifeo: ¡Ahí está! La frase.

Antinoo (muy turbado): ¡Sigo en lo mismo! ¿A quién pertenece la razón?

Corifeo: Y se insultaron. Creonte lo llamó estúpido, ¡y Hemón le dijo que hablaba como un imberbe!

Antinoo: ¿Al padre?

Corifeo: ¡Al padre! ¡Jamás la desposarás viva!, dijo Creonte.

Antinoo: ¡Bien!

Corifeo: Morirá, pero no morirá sola, contestó Hemón.

Antinoo: ¡Qué audacia!

Corifeo: ¿Cuál? ¿Refutar palabras tontas?

Antinoo: ¡No eran tontas!

Corifeo (lo mira amenazador. Bruscamente sonríe): Puede ser... Mi defecto es conmoverme fácilmente.

Antígona: Creonte me mandó llamar —yo, engendro aborrecido— para que muriera en presencia de Hemón y bajo sus ojos.

Corifeo: No lo consiguió. ¡Hemón no quiso!

Antígona: Sé que no quiso.

Corifeo: ¡Ella no morirá en mi presencia —dijo Hemón— y tus ojos jamás me volverán a ver! *(Se levanta)* Con amigos complacientes podrás librarte a tus furores. ¡Jamás me volverás a ver!

Antinoo: ¡Sentate! ¡No me dejés solo!

Corifeo: ¿Por qué? ¿De qué tenés miedo?

Antinoo: ¡De nada! *(Confidencial)* Me atreví a decirle a Creonte que Hemón estaba muy desesperado. Cosa grave a su edad.

Corifeo: ¿Y eso qué vale? ¿Qué arriesgaste? ¡Yo, yo le pedí por Ismena! ¿Cuál era su culpa? Haber escuchado a la loca. No tocó el cadáver.

Antinoo: Creonte no es insensato.

Corifeo: La perdonó.

Antinoo: Sí, ¿y después?

Corifeo: Después, ¿qué?

Antinoo: La arreglaste. Qué muerte tendrá Antígona, preguntaste amablemente.

Corifeo: Ya estaba decidido. ¿Qué podía cambiar? La ocultaré en una cueva cavada en la roca, con alimentos para un día.

Antígona: Hice mi último viaje.

Corifeo: Allí, ella podrá invocar a la muerte, pidiéndole que no la toque.

Antígona: Que no me toque. ¡No me toqués, oh, muerte!

Corifeo: O se dará cuenta, un poco tarde, cómo es superfluo irle con peticiones de vida.

Antígona: Y sin embargo, yo pido.

Corifeo (tristemente): Superfluo, ¡pero gratis!

Antígona: Pedí por la luz del sol. Mis ojos, no saciados por la luz.

Corifeo: ¡Amor, amor! ¡Qué desastre! Lo digo por Hemón. Vence el deseo, ¿y dónde quedan las leyes del mundo?

Antinoo: Sí, sí, ¿pero qué tienen que ver las leyes con Antígona? La miro y...

Corifeo: Avanza hacia el lecho donde todos tenemos que acostarnos.

Antígona: Hice mi último viaje. Decir "la última vez". *(La voz se le deforma)* Ul... tima vez. Saber... que más allá no hay luz, ninguna voz. La muerte, que duerme todo lo que respira, me arrastra hacia sus bordes. No conocí noche de bodas, cantos nupciales. Virgen voy. Mi desposorio será con la muerte.

Corifeo: Te olvidás de las ventajas: te encaminás a las sombras con gloria, ensalzada.

Antinoo: ¡Todo el mundo te aprueba!

Corifeo: ¡Sin enfermedades, sin sufrimientos!

Antinoo: ¡Sin achaques de vejez!

Corifeo: Por propia voluntad, podría decirse, entre todos nosotros, descenderás libre y viva a la muerte. ¡No es tan trágico!

Antígona: Como Niobe, el destino va a dormirme bajo un manto de piedra.

Corifeo: Pero Niobe era una diosa y de dioses nacida. Nosotros mortales y nacidos de mortales.

Antinoo: ¡Es algo grandioso oírle decir que comparte el destino de los dioses!

(Ríen)

Antígona: ¡Se ríen de mí!

Corifeo: ¡No, no!

(Ríen)

Antígona: ¿Por qué ultrajarme antes de mi muerte, cuando respiro todavía?

Corifeo: Bueno, ¡fue una broma! ¡No te ofendas!

(Tentados, ríen apretando los labios, tragándose la risa)

Antígona: Oh, ciudadanos afortunados, sean testigos de que nadie me acompaña con sus lágrimas...

Corifeo: ¡Dios mío, empieza a compadecerse!

(Intenta huir)

Antígona: Que las leyes, ¡qué leyes!, me arrastran a una cueva que será mi tumba. Nadie escuchará mi llanto, nadie percibirá mi sufrimiento. Vivirán a la luz como si no pasara nada. ¿Con quién compartiré mi casa? No estaré con los humanos ni con los que murieron, no se me contará entre los muertos ni entre los vivos. Desapareceré del mundo, en vida.

Corifeo (bondadosamente): El castigo siempre supone la falta, hija mía. No hay inocentes.

Antínoo (bajo): ¿Nunca? *(Se recompone)* Lo apruebo: ¡muy bien dicho!

Corifeo: Y si el castigo te cayó encima, algo hiciste que no debías hacer. ¿Qué pretendés? Llevaste tu osadía al colmo, te caíste violentamente.

Antínoo: ¡Pum!

Antígona: ¡Ay, qué aciaga boda conseguiste para mí, hermano! Con tu muerte me mataste cuando te sobrevivía.

Antínoo: ¡Me parte el corazón!

Corifeo: A mí también. Pero el poder es inviolable para quien lo tiene. ¿Cómo se le ocurrió oponerse? No te quejes, amiga mía, no se puede pagar un destino tan dentro y tan fuera de la norma con moneda de cobre.

Antínoo: La perdió su carácter.

Corifeo: Hubiera escuchado consejos. ¡Nuestros consejos!

Antígona: ¡El sol! ¡El sol!

Corifeo: Ahí está. Miralo por última vez.

Antígona: Por última vez. Me llevan sin llantos, sin amigos, sin esposo. En mi muerte, no hay lágrimas ni lamentos. Sólo los míos.

Corifeo: ¿Miraste el sol? ¿Te diste el gusto? ¿Te calentó? Bueno, ¡basta! Si nos dejaran gemir antes de morirnos, ¡no moriríamos nunca!

Antínoo: ¡Aburre! ¡No la termina más!

Corifeo: ¡Yo la termino! *(Se dirige hacia la carcasa, se detiene a mitad de camino)* ¡Se arrepentirán de estas lentitudes quienes demoran en conducirla! *(En la carcasa)* ¡Enciérrenla! Que sea abandonada en esa tumba. Si ella desea morir allí, que muera. Si desea vivir sepultada bajo ese techo, que viva. Quedaremos puros de su muerte y ella no tendrá contacto con los vivos.

Antínoo: ¡Qué sabiduría! Está y no está, la matamos y no la matamos.

Antígona: ¡Oh, tumba, oh, cámara nupcial! Casa cavada en

la roca, prisión eterna donde voy a reunirme con los míos. Bajo la última y la más miserable antes de que se marchite el plazo de mi vida. Pero allí al menos, grande es mi esperanza, tendré cuando llegue el amor de mi padre, y tu amor también, madre, y el tuyo, hermano mío. Cuando murieron, con mis propias manos, lavé sus cuerpos, cumplí los ritos sepulcrales. Y ahora, por vos, querido Polinices, recibo esta triste recompensa. Si hubiera sido madre, jamás lo hubiera hecho por mis niños. Jamás por mi esposo muerto hubiera intentado una fatiga semejante. Polinices, Polinices, ¡sabes por qué lo digo! Otro esposo hubiera podido encontrar, concebir otros hijos a pesar de mi pena. Pero muertos mi padre y mi madre, no hay hermano que pueda nacer jamás. ¡Jamás volverás a nacer, Polinices! Creonte me ha juzgado, hermano mío.

Corifeo (saliendo de su carcasa): ¡Y bien juzgada!

Antígona: ¿Qué ley he violado? ¿A qué Dios he ofendido? ¿Pero cómo creer en Dios todavía? ¿A quién llamar si mi piedad me ganó un trato impío? Si esto es lo justo, me equivoqué. Pero si son mis perseguidores quienes yerran, ¡yo les deseo el mismo mal que injustamente me hacen. ¡El mismo mal, no más ni menos, el mismo mal!

Antinoo: ¡No la termina! ¡Qué cuerda!

Corifeo: Rencorosa, para ella siguen soplando ráfagas del mismo viento. *(Con sigilo, a Antígona)* ¡Hay algo que se llama arrepentirse! No sirve de mucho, pero consuela.

Antinoo: Si ya sabemos que se muere, ¿por qué no se muere?

Corifeo: ¿No dijo Creonte que se arrepentirán de estas lentitudes quienes demoran en conducirla?

(Entra bajo el sonido de aleteos y graznidos)

Antígona: ¡Me llevan! ¡Miren a qué suplicio y por cuáles jueces yo soy condenada!

Antinoo: Sufre.

Corifeo: Siempre se sufre cuando se cambia la luz celeste por las tinieblas de una prisión. A muchas les tocó parecido destino. Cuando se ultraja el poder y se transgreden los

212

límites, hija mía, siempre se paga en moneda de sangre. *(Aumenta el sonido de roncos, siniestros graznidos, fuertes aleteos que crecen y decrecen)*

Corifeo: ¿Qué es ese ruido?

Antinoo: Pájaros en primavera.

Corifeo (fríamente): Estúpido.

Antinoo: Me insultan: me voy.

Corifeo: ¡Quedate! Algo pasará a último momento.

Antígona: Yo no lo supe. No supe que Creonte...

Antinoo: ¿Es que va a tener un defensor?

Corifeo: No, ¡jamás!

Antinoo: ¿Y entonces?

Antígona (aparta alas inmensas): ¡Fuera! ¡Fuera! *(Gime de terror, intentado protegerse. Con esfuerzo, se domina)* ¡No! ¡Está bien que me cubran con sus alas hediondas, que me rocen con sus picos! *(Se ofrece, feroz, con los dientes apretados)* ¡Muerdan! ¡Muerdan! ¡No me lastimarán más que Creonte!

Antinoo: Quiero irme a casa. ¡Tengo frío!

Corifeo: ¡Ya nos vamos! Tomaría otro café. *(Se levanta con su taza en la mano y va en busca de otro café. Se demora cerca de la carcasa de Creonte)*

Antinoo (algo cae sobre la mesa, lo recoge con asco): ¿Qué es esto? ¡Qué inmundicia!

Corifeo: ¡No preocuparse! Vendrá Tiresias, y aunque ciego, Tiresias sacerdote, ¡arregla todo! *(Entra en la carcasa)* ¿Qué hay de nuevo, viejo Tiresias? Me espanta tu cara oscurecida, como con doble ceguera. Nunca me aparté de tus consejos. Por eso goberné bien esta ciudad. *(Para sí)* Con hábiles pactos. *(Pausa)* ¿Qué porquería es ésta? ¡Me cayó encima! *(Sale, apartándose suciedades que le caen)*

Antinoo (oculta con la mano algo que le ha caído sobre el brazo, temeroso e inmóvil. Lentamente, aparta la mano mientras mira hacia arriba): ¡Peste!

Corifeo: ¿Qué? ¡Peste!

Antinoo: ¡Quiero irme a casa!

Corifeo: Los pájaros hambrientos arrancaron jirones del cadáver de Polinices. Por eso gritan. Comieron la carne y la sangre de un muerto en la refriega.

Antinoo: ¡Que arregle esto Tiresias! ¡Quiero irme a casa!

Corifeo: ¡Y en tu casa te seguirá la peste!

Antinoo: ¡Me encerraré!

Corifeo: ¡Te seguirá la peste! Ningún Dios oirá nuestras súplicas. ¡Malditas aves!

Antígona: El mal permitido nos contamina a todos. Escondidos en sus casas, devorados por el miedo, los seguirá la peste.

Corifeo: Tal vez no, si Tiresias consigue de Creonte lo que tu empecinamiento te ha negado.

Antígona: No convenzas a Creonte, Tiresias. Creonte te ha dicho que la raza entera de los sacerdotes ama el dinero. *(Ríe)* Y contestaste que la de los tiranos el lucro vergonzoso. ¡Se entienden bien ustedes! *(Aparta las alas cuyo aleteo ha decrecido)* Yo no temo. ¿Qué te dice Tiresias? Que pagarás con la muerte de un ser nacido de tu sangre... *(Se oscurece)* He... Hemón... por haberme arrojado a la tumba y por retener insepulto el cadáver de Polinices. En boca de Tiresias, la verdad y la mentira están mezcladas. No te ensañés con un cadáver. ¿Qué hazaña es matar a un muerto?

Corifeo: Sí, eso dirá.

Antígona: Perros, lobos y buitres desgarraron el cadáver de mi hermano y con sus restos mancillaron los altares.

Corifeo: ¡Peste!

Antígona: Las ciudades se agitan.

Corifeo: ¡Peste!

Antígona: Tiresias, ¡esto te asusta! Hábil para ser amigo del poder en su cúspide y separarse cuando declina. Pediste por mí, por Polinices despedazado. Y por miedo, Creonte me perdonó. *(Pausa)* Yo no lo supe.

(Cesan graznidos, aleteos)

Corifeo: Temo que tendré que respetar las leyes, dijo Creonte.

Antinoo: ¡A buena hora!

Corifeo: También tendrá que respetar sus sentimientos cuando Hemón se... *(gesto de acuchillarse)*

Antígona (canturrea, se pone la corona de flores): Me desposé. *(Tuerce de manera extraña el cuello, el cuerpo como colgando, ahorcado)* Vino la muerte, esposa, madre, hermana...

Corifeo: ¡Ah, la furia de Hemón!

Antinoo: ¡Furia de jóvenes!

Corifeo: ¡Creonte lo llamó entre sollozos! ¿Cómo entraste a esa tumba? ¿Oigo tu voz o me están engañando los sentidos? Arranquen la piedra que obstruye la entrada. ¡Hemón! ¡Te lo suplico! ¡Salí de esa tumba! *(Solloza, paródico)*

Antígona: Hemón se abrazaba a mi cintura.

Corifeo: ¿Y qué hizo Hemón? ¡Escupió a su padre! *(Escupe a Antinoo en la cara)*

Antinoo: ¡A mí no!

Corifeo: ¡Y sacó su espada y...! *(Ataca)*

Antinoo (saltando): Creonte se salvó por poco.

Corifeo: Más le hubiera valido reventar. ¿Hay algo todavía más desdichado que la propia desdicha? No sólo Hemón, también Eurídice, su madre, se dio muerte con filosa cuchillada.

Antinoo: ¿También ella? ¡No queda nadie!

Corifeo: Creonte queda. *(Se ubica en la carcasa)*

Antígona: Lloraba, abrazado a mi cintura.

Corifeo: ¡Hemón, oh desdichado! ¿En qué desgracia querés perderte?

Antígona: Erró el golpe contra Creonte y se arrojó sobre su espada. Respirando todavía enlazó mis brazos y murió entre olas de sangre... olas de... sangre... en mi cara... *(Bruscamente grita)* ¡Hemón, Hemón, no! ¡No te des muerte! No hagas doble mi soledad.

Antinoo: Todos estos problemas por falta de sensatez. ¿O no?

Corifeo: ¡Ay, yerros de estas mentes! Matan y mueren las gentes de mi linaje. ¡Ay, hijo, hijo! ¡Todas las desgracias que sembraron en mi familia y sobre esta tierra! Y ahora yo, ¡culpable! Contra mí, ¡todos los dardos! Sufriré en esta prisión, ¡a pan y agua! *(Solloza, sinceramente)*

Antinoo (desconcertado): Aún tiene poder, ¿prisión? ¿A qué llama prisión? ¿Pan y agua los manjares y los vinos? ¿Las reverencias y ceremonias?

Corifeo: ¡Sufriré hasta que comprendan!

Antinoo: Posee un gran corazón que indulta fácilmente...

Antígona: Sus crímenes.

Corifeo: Mío fue el trono y el poder. *(Vergonzante)* Aún lo es...

Antinoo: A pesar de su terrible dolor goza ¡perfecta felicidad! ¡Como nosotros!

Antígona: (lanza un gemido animal)

Corifeo: ¡Los perdono! ¡No saben lo que hacen! Pretenden condenarme, a mí, que di mi hijo, mi esposa, al holocausto. Antígona, que atrajiste tantos malos sobre mi cabeza y mi casta, ¡te perdono!

Antinoo (teatral): ¡Bravo!

(Sale el Corifeo de la carcasa, saluda)

Antígona canta:

> "Un sudario lo envolvió;
> Cubrieron su sepultura
> Flores que el llanto regó."

¡Te lloro, Hemón! ¡Sangre, cuánta sangre tenías! *(Se toca el rostro)* Llena estoy, dentro y fuera, de tu sangre. No... la quiero, no... la quiero. Es tuya. ¡Bebé tu sangre, Hemón! ¡Recuperá tu sangre! ¡Reviví!

Antinoo: ¿Lo conseguirá?

Corifeo (con una sonrisa ante su estupidez): Un poco difícil.

Antinoo: Sin embargo...

Corifeo (tajante): Cuando está la sangre de por medio, los actos no se enmiendan, ¡idiota!

Antígona (dulcemente): Hiciste doble mi soledad. ¿Por qué preferiste la nada y no la pena? La huida y no la obstinación del vencido.

Antinoo: ¡Era muy joven!

Corifeo: Y vos, ¿por qué tuviste tanto apuro? *(Gesto de ahorcarse)*

Antígona: Temí el hambre y la sed. Desfallecer innoblemente. A último momento, arrastrarme, suplicar.

Antinoo: Los corazones más duros pueden ablandarse, "a último momento". ¿Oíste su llanto? Te perdonó.

Antígona: No. Aún quiero enterrar a Polinices. "Siempre" querré enterrar a Polinices. Aunque nazca mil veces y él muera mil veces.

Antinoo: Entonces, ¡"siempre" te castigará Creonte!

Corifeo: Y morirás mil veces. A la muerte, hija mía, no hay que llamarla. Viene sola. *(Sonríe)* Los apresuramientos con ella son fatales.

Antígona: ¿No terminará nunca la burla? Hermano, no puedo aguantar estas paredes que no veo, este aire que oprime como una piedra. La sed. *(Palpa el cuenco, lo levanta y lo lleva a sus labios. Se inmoviliza)* Beberé y seguiré sedienta, se quebrarán mis labios y mi lengua se transformará espesa en un animal mudo. No. Rechazo este cuenco de la misericordia, que les sirve de disimulo a la crueldad. *(Lentamente, lo vuelca)* Con la boca húmeda de mi propia saliva iré a mi muerte. Orgullosamente, Hemón, iré a mi muerte. Y vendrás corriendo y te clavarás la espada. Yo no lo supe. Nací, para compartir el amor y no el odio. *(Pausa larga)* Pero el odio manda. *(Furiosa)* ¡El resto es silencio! *(Se da muerte. Con furia)*

Telón

217

OTROS LIBROS DE
TEATRO EN EDICIONES DE LA FLOR

GRISELDA GAMBARO

Teatro 1   *Real envido. La malasangre. Del sol naciente.*

Teatro 2   *Dar la vuelta. Información para extranjeros.*
                           Puesta en claro. Sucede lo que pasa.

Teatro 3   *Viaje de invierno. Sólo un aspecto. La gracia.*
                           El miedo. Decir sí. Antígona furiosa
                           y otras piezas breves.

Teatro 4   *Las paredes. El desatino. Los siameses. El campo.*
                           Nada que ver.

Teatro 5   *Efectos personales. Desafiar al destino. Morgan.*
                           Penas sin importancia.

Teatro 6   *Atando cabos. La casa sin sosiego. Es necesario*
                           entender un poco.

ROBERTO COSSA

Teatro 1   *Nuestro fin de semana. Los días de Julián Bisbal.*
                           La ñata contra el libro. La pata de la sota.
                           Tute cabrero.

Teatro 2   *El avión negro. La Nona. No hay que llorar.*

Teatro 3   *El viejo criado. Gris de ausencia. Ya nadie*
                           recuerda a Fréderic Chopin. El tío loco.
                           De pies y manos. Yepeto. El sur y después.

Teatro 4   *Angelito. Los compadritos. Tartufo* (adaptación).

Teatro 5   *Años difíciles. Viejos conocidos. Don Pedro dijo no.*
                           Lejos de aquí (con Mauricio Kartun).

CARLOS GOROSTIZA

Teatro 1   *Aeroplanos. El frac rojo. Papi. Hay que apagar el fuego. El acompañamiento.*

Teatro 2   *Matar el tiempo. Los hermanos queridos. Juan y Pedro. Los cinco sentidos capitales. El lugar.*

Teatro 3   *El puente. El pan de la locura. Los prójimos. ¿A qué jugamos? El caso del hombre de la valija negra.*

Teatro 4   *El patio de atrás.*

Teatro 5   *Doble historia de amor. Los otros papeles. A propósito del tiempo*

ARIEL DORFMAN

Teatro 1   *La Muerte y la Doncella.*

Teatro 2   *Lector. Viudas* (con Tony Kushner).

EDUARDO ROVNER

Teatro 1   *Cuarteto. Compañía. Lejana tierra mía. Volvió una noche.*

Teatro 2   *Y el mundo vendrá. Sueños de náufrago. Último premio. Una pareja. ¿Una foto...? Concierto de aniversario. Carne. La vieja, la joven y el harapiento.*

Teatro 3   **Tetralogía de las sombras:** *Sócrates, el encantador de almas. La mosca blanca. Tinieblas de un escritor enamorado. El otro y su sombra.*

Impreso en GRÁFICA GUADALUPE
Av. San Martín 3773 (1847) Rafael Calzada,
Provincia de Buenos Aires, Argentina,
en el mes de enero del año 2001.